JN087552

サービスサイエンス

サービスサイエンス（'23）

©2023　岡田幸彦・原　辰徳

装丁デザイン：牧野剛士
本文デザイン：畑中　猛

s-68

まえがき

　サービスの学問がある。しかし，日本ではあまり知られていない。1人でも多くの国民にサービスの学問を伝えたい。これが本書の根底にある私たちの想いである。

　「サービスサイエンス」主任講師の岡田と原は，サービスの学問を学び，サービスの学問で博士号を取得し，サービスの学問の発展のために文理にまたがる研究開発を行い続けてきた日本で最初の世代である。岡田は，原価計算・管理会計の立場からサービスの学問に取り組みはじめ，日本式サービス開発論としての原価企画的なサービス開発とその意義を実証的に解明してきた。原は，設計工学・人工物工学の立場からサービスの学問に取り組みはじめ，サービス工学の基盤となる設計支援技術の研究開発を行ってきた。私たちはともに純粋なサービス研究者であり，2000年代中頃からお互いを意識しあってきたライバルであり，信頼する共同研究者でもある。そんな私たちだからできる，サービスの学問の分野紹介をしたかった。

　サービスの学問は，1980年代までに確立したサービスマーケティング，1980年代から発展したサービスマネジメント，1990年代から花開いたサービスの原価計算と管理会計，2000年代から発展した価値共創理論やサービス工学，そして2010年代からは日本式のサービス学（サービソロジー）が展開されるなど，多様な流派が切磋琢磨しながら発展してきた歴史を持つ。本書ではこうしたサービスの学問全体を「サービスサイエンス」と呼び，その包括的な展開を可能な限りわかりやすく体系的に伝えることを目指している。

　第1章では，日本の産官学の特長的な取り組みである日本サービス大

賞やJCSI（日本版顧客満足度指数）を含め，サービスサイエンスの全体像を案内している。読者には，第1章は必ず目を通していただきたい。第2章から第7章までは，サービスの学問を語るうえで欠かせない2000年代までの伝統的な議論や概念等を紹介している。サービスのマーケティング（第2章），設計（第3章），品質（第4章），原価（第5章），持続的な利益獲得（第6章），そして価値共創理論（第7章）について学びを深めるための入り口として各章を用意しているので，読者は興味がある分野やテーマを選んで知識を増やしていただければと思う。

　第8章から第15章までは，特にこの十数年で発展してきた日本ならではのサービスサイエンスの取り組みを紹介している。東京大学・産業技術総合研究所・筑波大学などで発展してきたサービスの工学に興味がある読者は，サービス工学の基礎（第8章），東京大学を中心としたサービス工学の展開（第9章），産業技術総合研究所を中心としたサービス工学の展開（第10章）を読んでほしい。加えて，優れたサービスを生み出すための要件と国際標準（第11章），価値共創の場や仕組みをいかにうまく設計するか（第12章），そもそもサービスイノベーションはどのように生み出されるのか（第13章）についても章を用意している。最後に，京都大学を中心とした日本型クリエイティブ・サービスの展開（第14章），そして日本におけるサービス学（サービソロジー）の展開（第15章）を取り上げている。

　読者には，本書「サービスサイエンス」を入口として，サービスの学問の多様な切り口を知っていただきたい。そして，よりよいサービスのための道筋を示す能力を身につけられるよう，各章には「推奨する自習」を提示している。さらに，より深い知識や専門的議論を知りたい読者のために，各章に「推奨する関連文献」も掲示している。もちろん，各章で引用する参考文献は，サービスの学問を学ぶ上で欠かせない重要

なものを厳選している。これらもうまく活用していただけると幸いである。

2022 年 10 月 1 日

筑波大学　岡田幸彦

東京大学　原　辰徳

目次

1 社会経済のサービス化と
サービスサイエンス

岡田幸彦

《**目標＆ポイント**》 本章では，サービスの本質，社会経済のサービス化，そして本科目の位置づけを理解することを目指す。加えて，我が国サービス生産性向上運動として，内閣総理大臣賞を授与する日本サービス大賞，サービス満足度を測るJCSIなどを知り，それらが果たす我が国社会経済への役割を理解する。
《**キーワード**》 社会経済のサービス化，生産性向上，日本サービス大賞，JCSI，スマート・サービスイノベーション

1. 社会経済のサービス化

（1） サービスの本質

　現代のサービス研究では，サービスを行為（act）や成果（performance）として捉え，価値共創（value co-creation）をその本質とする考え方が主流となっている。行為を行うのはサービス提供者としての人間だけではない。機械やコンピューターが行為を行うこともあれば，サービスを受ける人間が行為を行うこともある。そして，行為と行為が連鎖し，時に共に行為をすることで，社会的・経済的な価値が創り上げられていく。

　例をあげよう。放送大学のラジオ科目「サービスサイエンス」の教科書と音声コンテンツは，2年をかけて制作された。そしてそれらを，今まさに，受講生各位が使用して学んでいる。これは一見，「わたし作る

人，あなた使う人」という典型的な製造業と同じように感じられるかもしれない。

　しかし，放送大学は，製造業ではない。放送大学は，働きながらでも，学び直しでも，「大学で学ぼう」という意志さえあれば時間や場所といった制約を乗り越えてその方々に高等教育を届けるサービスを行っている。そこでは教科書と音声コンテンツはサービスを実現する手段の1つにすぎず，私たち講師陣は「サービスサイエンスにまつわる正しい専門知識を教え，日本発のサービソロジー（サービス学）へと誘う」という行為を教科書や音声コンテンツなどに込めている。そして，受講生各位が今まさに行っている「学ぶ」という行為を支援し，疑問等があれば「質問する」という行為を受け付けている[1]。また，受講生各位の「学ぶ」という行為の成果を「理解度を試問する」という行為でチェックし，評価し，成績を付けて認証する。

　このように，サービスは「わたし作る人，あなた使う人」を越えている。私たち講師陣と受講生各位にはそれぞれサービス価値を最大限に発現するための役割が存在し，私たち講師陣の行為と受講生各位の行為のハーモニーが社会的・経済的価値を共創するのである。物理的なモノや場所などは，その手段にすぎない。そして，科学技術の発展により，「わたし作る人，あなた使う人」に類していた農林水産業や製造業は，我が国では前者が「6次産業化」，後者が「製造業のサービス化（サービタイゼーション）」と呼ばれるようになったように，ますますサービス化が進んでいる。

（2）サービス産業の重要性と我が国の課題
　農林水産業中心の産業構造から製造業中心の産業構造へ，そしてサー

---

[1]　ただし，担当講師には全ての質問に丁寧に回答する時間がない場合が常である。このあたりのリソースの制約と費用対効果の問題は，サービスサイエンスや経営実践においても重要な問題であり，この授業をとおして，効果性と効率性のバランス感覚を磨いてほしいと考えている。

ビス産業中心の産業構造へという社会経済の展開は，「ペティの法則」として古くから予想されてきた。それでは，我が国の産業構造はどのように変遷してきたのであろうか。厚生労働省『平成25年版労働経済の分析』（p.82）によると，**図1-1**のように，1950年の我が国の就業構成は農林漁業が約50 %，製造業・鉱業・建設業が約20 %であった。一方，第3次産業としてのサービス産業の就業構成（その他を除く）は，25 %を越える程度でしかなかった。その後，ペティの法則の予想どおりに展開したがごとく，2012年には我が国の就業構成はサービス産業が約65 %を占めるに至っている。我が国における就業構成のサービス化は，60年以上にわたって恒常的に続いてきたのである。同じく，我が国のGDPの構成比を見てみよう。経済産業省が2020年度に行った「サービス産業×生産性研究会」の第1回資料（資料3, p.3）によると，我が国のサービス産業は名目GDPの約7割を占めるに至り，長期的に見てその規模は拡大傾向にあるという。

　これらのように，我が国社会経済においてサービス産業は，すでに重要な位置づけとなっている。そして今後のデジタル化の進展によって，今後さらに社会経済のサービス化が進むであろうことが予想される。こうした展開の中で，我が国で長らく指摘されてきた課題がある。サービス産業の低生産性の問題である。

　厚生労働省『平成27年版労働経済の分析』によると，**図1-2**のように，アメリカと比較して我が国サービス産業の労働生産性が低いことがわかる[2]。労働生産性は，分母を労働投入量，分子を付加価値で算出するのが一般的である。ここで付加価値とは，売上高からモノの原価を差し引いたもので近似できる。つまり，同じサービスを想定して付加価値を一定とすると，我が国のサービス産業はより多くの人手をかけてサービスしている傾向がわかる。

---

[2]　このような我が国産業の生産性分析は，日本生産性本部が継続して行っている。アメリカと比較した我が国サービス産業の低生産性の問題は続いており，近年の状況は例えば滝澤（2020）を参照されたい。

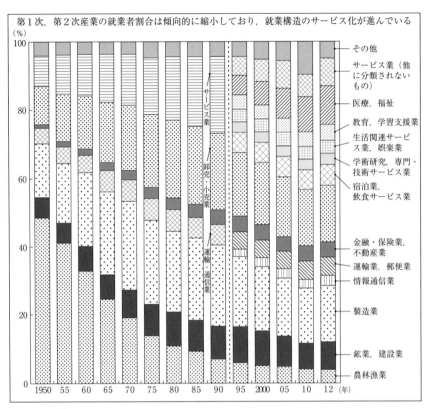

第1次，第2次産業の就業者割合は傾向的に縮小しており，就業構造のサービス化が進んでいる

(凡例)
その他
サービス業（他に分類されないもの）
医療，福祉
教育，学習支援業
生活関連サービス業，娯楽業
学術研究，専門・技術サービス業
宿泊業，飲食サービス業
金融・保険業，不動産業
運輸業，郵便業
情報通信業
製造業
鉱業，建設業
農林漁業

総務省統計局「国勢調査（1950〜2020年）」，「労働力調査（2012年）をもとに厚生労働省労働政策担当参事官室にて作成

出所：厚生労働省『平成25年版労働経済の分析』p.82

図1-1　我が国における就業構成の推移

　ここで注意すべきは，一定の付加価値に対してより多くの人手をかけることで，サービスを受ける顧客が支払った価格以上の喜びや幸せを顧客に対して生み出している可能性があることである。しかし，我が国の人口減少・少子高齢化とそれに伴う人手不足，さらには感染症に伴う三

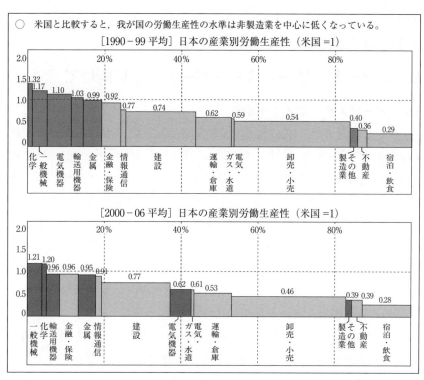

GGDC(Groningen Growth and Development Center)よりデータの提供を受け厚生
労働省政策担当参事官室にて作成
出所：厚生労働省『平成27年版労働経済の分析』p.97

図1-2　アメリカと比較した我が国の労働生産性

密を避けたサービス提供が求められるようになると，サービス事業者は
可能な限り人手をかけず，効果的・効率的にサービス提供を行う新たな
やり方を模索せねばならない。これからますます，サービスサイエンス
を基礎とした科学的・工学的アプローチを駆使して社会的・経済的な価
値を効果的・効率的に共創し，サービス生産性の抜本的向上を実現する

イノベーション（以下，「スマート・サービスイノベーション」と呼ぶ）が求められるであろう。

2. スマート・サービスイノベーションに向けて

（1）サービスサイエンスの展開

「サービスサイエンス（Service Science）」という用語と新たな学問のパースペクティブは，カリフォルニア大学バークレー校のChesbrough教授が発案したと考えられている[3]。サービスサイエンスは，通称「パルミサーノレポート」と呼ばれる全米競争力協議会の報告書（2004年12月）においても取り上げられ，その取り扱いはわずかではあったが，アメリカにおいて今後必要とされる学問の発展方向の1つとして位置づけられた。そして，当時Palmisanoが会長を務めていたIBMは，Chesbroughの提案に従い，サービスサイエンスの学問分野としての確立と啓発・普及を国際的に主導した。

ここで，Chesbroughがサービスサイエンスという用語を語る以前から，特に経営学を中心に，すでにサービス研究は膨大に存在していたことを忘れてはならない。そのため，2005年になると，サービスサイエンスはIBMを中心として「SSME；Service Science, Management and Engineering」と表現されるようになり，それまでの膨大なサービス研究の蓄積を含む，文・理を越えた学際的な教育研究分野としてサービスサイエンスの位置づけが固まっていった。一方，この同時期に経営学ではサービス・ドミナントロジック（Vargo and Lusch 2004）という考え方が提唱され，その後，農林水産業も製造業も全てはサービス経済であるという認識が広まっていった。我が国の実践においても，農林水産業の6次産業化，製造業のサービス化が企図されて久しい。

全てはサービスであり，その本質は行為と価値共創にあるのだとする

---

[3]　IBMにおいてサービスサイエンスを主導したSpohrerとMaglioは，「We first heard the term *service science* from Professor Henry Chesbrough of UC Berkeley in early 2004.」（Hefley and Murphy (Eds.) 2008, xiii）と述べている。

と，我が国全ての経営者や就業者がサービスサイエンスの基本的な考え方を知っておくに越したことはない。それでは，伝統的な経営学におけるサービス研究を含むサービスサイエンスは，どのように発展し，現在に至っているのであろうか。そして，どこに向かっているのであろうか。

　サービスの一般理論を研究する潮流は，1960～70年代に生まれた。英語圏ではマーケティング研究者や生産管理研究者が，ドイツ語圏では生産理論の研究者が，サービスの一般理論構築に挑戦し，まず，英語圏のサービスマーケティングとして中核的な知の体系が形成された。その記念碑的な論文（Fisk et al. 1993）とも評されるのは，マーケティング分野の国際的なトップ学術雑誌である *Journal of Marketing* に掲載された当時シティバンクのマーケティング担当副社長であった Shostack（1977）の提言であった。モノとサービスはどう違うのか，サービスのマーケティングはモノのマーケティングとはどう違うのか，といった1970年代の重要な議論は，第2章で取り上げる。

　その後，産学の多数の研究者たちが集中的に議論し，米国マーケティング学会の1981年会議とその成果物である Donnelly and George（1981）によって，現代まで続くサービスマーケティング分野の土台が形成されたと言ってよい。現代まで続く1980年代からのサービスマーケティングの議論は多数あるが，その中で，サービスをデザインする伝統的な技法として現代まで残るサービスブループリンティング（第3章），サービス品質の測定と管理のための主要な枠組みとして現代まで残るSERVQUAL（第4章）の2つの知見は，スマート・サービスイノベーションを促進する上で無視してはならないと思われる。

　1980年代に起こったサービスサイエンスの展開は，「いかにうまくサービスするか」に関心があったと言ってよい。1990年代になると，

マーケティング分野を越えて，会計学や経営学として，サービスの一般理論を研究する潮流が出てくる。前者は，製造業の製造間接費の配賦の歪みの問題を克服するために提案された活動基準原価計算を，サービス分野にも応用する研究と実践の展開である（第5章）。後者は，成功するサービス経営の法則を実証的に提示しようとする試みであり，1980年代中盤の戦略的サービスビジョンの枠組みを発展させた「サービス・プロフィットチェーン」として体系化された（第6章）。これら2つの知見も，スマート・サービスイノベーションを促進するうえで重要となろう。

1990年代に生じたサービスサイエンスの新たな潮流は，「いかにうまくもうけるか」に関心があったと言ってよい。そして，1960年代から続く「サービスとは何か」という哲学的な問い，1980年代から続く「いかにうまくサービスするか」という実学的な問いに対する膨大な研究成果の蓄積を背景とし，1998年にはサービス研究の国際的な総合学術雑誌として *Journal of Service Research* が創刊されるに至った[4]。

その後，前述のようにサービスサイエンスという包括的な括りが登場した2000年代には，サービスの本質に迫る哲学的な展開や，サービスに対する科学技術の貢献と応用の議論が進んだ。前者は，前述したサービス・ドミナントロジックと価値共創の議論である（第7章）。後者は，東京大学と産業技術総合研究所を中核に我が国が世界に先駆けて挑戦したサービス工学の議論である。特に後者について，古くはShostack（1981）が，サービスブループリントによる「サービスの工学」の可能性を指摘していた。インターネット登場後の情報技術の発展，そして1980年代から続く「製造業のサービス化」と環境配慮や持続可能性の

---

[4] 近年のサービス研究は，*Journal of Service Research* をトップ学術雑誌とし，経営全般を取り扱う *Journal of Service Management*，マーケティングに特化した *Journal of Services Marketing*，理論と実践の融合を目指す *Journal of Service Theory and Practice*，実務的・政策的含意を重視する *Service Industries Journal* などが専門的な議論を行う，という体系が形成されている。

重要性の高まりが，日本式サービス工学の実現に欠かせなかった。しかし，当初のサービス工学は，サービスブループリンティングと同様に，サービス提供者側の支援に特化していた（サービス工学1.0，第8章）。サービス・ドミナントロジックと価値共創の議論の発展とともに，サービス工学は顧客支援と価値共創支援を強化していった（サービス工学2.0，第9章）。

　こうして発展してきたサービスサイエンスは，2010年代になると，我が国において固有の展開を見せる。産学連携でサービス工学によるスマート・サービスイノベーションを目指す展開（第10章），優れたサービスの国際標準化の流れと我が国の貢献（第11章），ビッグデータ／AIを活用したスマート・サービスイノベーションの展開（第12章）は，世界的に見て特長的である。さらに，サービスイノベーション自体を教育研究する展開（第13章）や，グローバルに通用する日本式のサービスを追求する展開（第14章）を忘れてはならない。そして，これらの日本式サービスサイエンスの発展の基盤となる学会としてサービス学会（2012年〜）が創設され，産業界を啓発しサービスイノベーションによる生産性向上の実現を目指すSPRING（サービス産業生産性協議会，2007年〜），そして我が国のサービス産業政策を主導する経済産業省サービス政策課が連携を強化し，今日に至っている（第15章）。

　スマート・サービスイノベーションと生産性向上，そのための固有の学知「サービソロジー（サービス学）」の形成，という我が国ならではの展開を含め，本講義をとおしてサービスサイエンスのエッセンスを学んでほしい。

（2）我が国におけるベストプラクティスの評価
　サービスサイエンスにかかる「学」については，第2章以降で学んで

いく。本章では最後に，サービス分野の学知・政策と連携して産業界の
スマート・サービスイノベーションを主導するSPRINGの取り組みを
紹介したい。

　SPRINGは，サービス産業の生産性向上とイノベーションの推進を目
的とする経済団体として，2007年に日本生産性本部内に設置された。
SPRINGには，企業・業界団体，労働組合，学術研究者などが会員とし
て集い，産官学連携の組織的プラットフォームとしてサービスイノベー
ションと生産性向上を目指す国民運動を推進している。そして，科学
的・工学的アプローチ，サービスプロセスの改善，サービスの高付加価
値化，人材育成，国際展開，地域貢献という6つの観点で主として中小
サービス業からベストプラクティスを選定する「ハイ・サービス日本
300選」を行い，選定されたベストプラクティスをセミナーやイベント
で普及・啓発する取り組みを行ってきた。また，サービス事業の経営者
や就労者が，他の優良事業者において働きながら学ぶ，革新的な社会人
インターンシップ「大人の武者修行」を運営してきた。

　業界の壁を越えてサービスイノベーションを推進するSPRINGの数
ある取り組みの中で特筆すべきは，サービス研究の知見を活かした
「JCSI（日本版顧客満足度指数）」の開発・実施，そして，産官学の強
力な連携のもとで実施される「日本サービス大賞」である。

　JCSIは，サービス産業の競争力強化を目的とした国家的プロジェク
トの中で開発され，2009年度より公開されている。このJCSIは，
ACSI（アメリカ顧客満足度指数）を参考にし，我が国の実情に即して
改良して開発された。JCSIの尺度構成と想定する因果モデルは，**図
1-3**のとおりである。図1-3のように，JCSIでは，高い顧客期待は高
い知覚品質・知覚価値・顧客満足に結びつくと考える。そして，高い知
覚品質は高い知覚価値に結びつき，それらが高い顧客満足をもたらすと

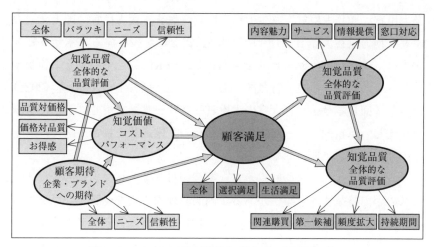

図1-3 JCSIの尺度構成と想定する因果モデル

考える。高い顧客満足は顧客による推奨意向を高め，それらが高いロイヤルティをもたらす。

　ここでJCSIが特徴的なのは，**図1-3**の中央にある「顧客満足」を業界ごとに集計し，顧客満足ランキングを公表している点である。このランキングにより，サービス事業者は業界ごとに高く評価されるサービスを知り，業界を越えて学び，自身のサービス改善や付加価値向上に活かすことができる。加えて特徴的なのは，**図1-3**の各要素に分解して個別に集計・評価できることである。そして，その方法論と用法は小野ほか（2021）として出版され，顧客満足を基軸としたサービスイノベーションの啓発・普及が進んでいる。

　一方で，業界・地域・規模などにとらわれず革新的なサービスを見いだし，我が国を代表するベストプラクティスとして表彰するのが，2015年に始まった日本サービス大賞である。内閣総理大臣賞，経済産

業大臣賞，総務大臣賞，厚生労働大臣賞，農林水産大臣賞，国土交通大臣賞，地方創生大臣賞，JETRO 理事長賞などを授与する日本サービス大賞は，受賞企業のサービスを事例化し，SPRING を中心にその普及・啓発につとめている点で特徴的である。たとえば村上・松井編著（2021）は，第3回日本サービス大賞の大臣賞受賞サービスを中心に丁寧に事例を記述し，革新的なサービスモデルとその生成過程を描き，国民に広くその知見を共有可能にしている。

　サービスサイエンスの観点から，第3回日本サービス大賞の受賞サービスの中で特筆すべき事例がある。内閣総理大臣賞を受賞したコマツの「スマートコンストラクション」は，土木建設全体をデジタル技術により業態革新し，工事全体の生産性を向上させるサービスプラットフォームを実現した。これは，日本式の「製造業のサービス化」のベストプラクティスであると言えよう。また，優秀賞を受賞したＤ＆Ｔファームは，革新的技術で熱帯農産物を国産化し，農業をサービス化する栽培パッケージを実現している。これは，日本式の「6次産業化」のベストプラクティスであると言えよう。加えて，厚生労働大臣賞を受賞したUbie の「AI問診ユビー」や，経済産業大臣賞を受賞したスプリックスの「自立学習RED」は，AI を活用した世界初のサービスモデルを提案し，人と AI が価値共創する人間中心のプラットフォームを創り，医療や教育の生産性を抜本的に向上させようと挑戦している。

　ここで紹介したSPRING による2つのベストプラクティス評価の取り組みは，業界を越えて学び高めあう我が国のスマート・サービスイノベーションの方向性を示すだけでなく，サービス学会を中心とした「学」の発展にも寄与するものである。そして，これら2つの取り組みが強力な産官学連携のもとに企画・開発され，実施されていることは，世界に類を見ない我が国ならではの特長となっている。

第2章以降で学ぶサービスサイエンスの「学」の知見を1つの基礎として，SPRINGによる我が国ならではの取り組みが実践され，個別サービスというミクロレベルだけでなく，我が国全体というマクロレベルの社会価値共創が目指されている点を忘れてはならない。

《推奨する自習》

1. インターネットで，経済産業省サービス政策課が2020年度に開催した「サービス産業×生産性」研究会の資料を見てみよう。そして，我が国サービス産業が抱える課題と政策的な解決策を考えてみよう。
2. インターネットで，サービス学会のホームページを見てみよう。そして，サービソロジー（サービス学）の論文やコラムなどから，関心があるサービス研究のテーマを考えてみよう。
3. インターネットで，SPRINGのホームページを見てみよう。そして，JCSIの内容とランキング結果，日本サービス大賞の内容と受賞事例を調べ，優れたサービスに共通する要素を考えてみよう。

参考文献

Donnely, J. H. and George, W. R. (Eds.) (1981). Marketing of Services, American Marketing Association.

Fisk, R. P., Brown, S. W. and Bitner, M. J. (1993). Tracking the evolution of the services marketing literature. Journal of retailing, 69(1), 61-103.

Hefley, B. and Murphy, W. (Eds.) (2008). Service Science, Management and Engineering: Education for the 21st Century, Springer.

Shostack, G. L. (1977). Breaking free from product marketing. Journal of marketing, 41(2), 73-80.

Shostack, G. L. (1981). How to design a service, in Donnely, J. H. and George, W. R. (Eds.), Marketing of Services, American Marketing Association.

Vargo, S. L. and Lusch, R. F. (2004). Evolving to a new dominant logic for marketing. Journal of marketing, 68(1), 1-17.

小野譲司，小川孔輔，森川秀樹（2021）．サービスエクセレンス：CSI 診断による顧客経験［CX］の可視化，生産性出版.

滝澤美帆（2020）．産業別労働生産性水準の国際比較〜米国及び欧州各国との比較〜．生産性レポート，13，日本生産性本部.

村上輝康，松井拓己編著（2021）．価値共創のサービスイノベーション：「サービスモデル」で考える 7 つの経営革新，生産性出版.

推奨する関連文献

岡田幸彦（2006）．サービス組織の原価管理論，一橋大学大学院商学研究科博士論文.

経済産業省編（2007）．サービス産業におけるイノベーションと生産性向上に向けて，経済産業調査会.

高木英明編著（2014）．サービスサイエンスことはじめ―数理モデルとデータ分析によるイノベーション―，筑波大学出版会.

村上輝康，新井民夫，JST 社会技術研究開発センター編著（2017）．サービソロジーへの招待―価値共創によるサービス・イノベーション，東京大学出版会.

村松潤一，大藪亮編著（2021）．北欧学派のマーケティング研究―市場を超えたサービス関係によるアプローチ，白桃書房.

2 | サービスのマーケティング：伝統的なIHIPと７つのP

岡田幸彦

《目標＆ポイント》　本章では，経営学として研究されるようになった伝統的なサービス研究の歴史的な位置づけと知見を取り上げる。特に，サービスのマーケティングを考えるうえで重要な1960年代から1980年代初頭にかけての議論に注目し，サービスの伝統的な特徴（IHIP）と７つのPを理解する。その他，1970年代までに提示された主要な議論の史的展開を理解する。
《キーワード》　サービスマーケティング，IHIP，７つのP，分子モデル

1. 学問とサービス

（1）学問としてのサービスは古くて新しい

　第１章で述べたように，現代のサービス研究では，サービスを行為や成果として捉え，価値共創をその本質とする考え方が主流となっている。しかし，我々人類は，この考え方に当初からたどり着いていたわけではない。

　人類の歴史を振り返ると，有史上最も古いサービスの１つが商業である。四大文明のどの地域においても商業が盛んであった痕跡が残り，貴金属を通貨としたモノの交換や貿易の記録が残っている。その他にも，教育や医療から会計まで，現存する数多くのサービスが四大文明の時代から行われていたと考えられている。一方，学問の歴史を振り返ると，サービスの一般理論を考えるという潮流は，1970年代まではほとんど見られなかった。

　歴史的に学問におけるサービスは，教育や医療，そして会計のように個別の職能領域における職能訓練上の規範的な議論が中心であった。そして，経済政策や国家統治との関係でも規範的に取り上げられてきた。職能訓練上の規範的な議論として代表的なものが，15世紀に始まったと考えられている複式簿記の研究である。また，経済政策や国家統治との関係で代表的なものが，16世紀に見られるようになったとされる重商主義の経済思想である。こうした学問上の議論は，マクロ的には国の政策に，ミクロ的にはサービス実務に役立ってきたであろう。ところが，18世紀後半の産業革命と工業化，そして産業革命初期に執筆されたSmith（1776）の影響で，学術的にも政策的・実務的にも，20世紀初頭までサービスは軽視されてきたと考えられている[1]。

　Smith（1776）は重商主義を批判し，国家の富は貿易によって蓄積された貴金属にあるわけではなく，蓄積された資本としての生活必需品や便益品にあるとした。そして，国家の富を増やすために，蓄積できる生活必需品や便益品の生産を生産的労働として重視し，蓄積できないサービスを不生産的労働と位置づけた。この不生産的（unproductive）という表現が誇張・曲解され，あたかもサービスが価値を生まない不必要な行為かのように誤解され続けてきたのである。サービスに対するこの誤解は20世紀まで残り，少なくとも20世紀半ばまで学問的に不遇な扱いを受け続けてきたと言ってよい。

　サービスの不遇な扱いは，市場と資本主義経済の発展とともに少しずつ緩和されていった。そして奇しくも，市場経済の論理と意義を議論したのは，サービスを不生産的労働だと述べたSmith（1776）であることも興味深い。Smith（1776）の後に経済学が発展し，市場メカニズムを重んじるアメリカにおいて19世紀終わりには経済学の学会が登場した。そして1910年代になると，経済学から派生するかたちで，広告宣伝

---

[1]　経済思想史におけるサービスの位置づけやSmith（1776）の影響は，Delaunay and Gadrey (1992)が詳しい。

（advertising）や会計（accounting）のように企業経営の機能別に学会が登場するようになった。さらに1920〜30年代にかけて，広告宣伝の学問は市場づくり（marketing）の学問へと生まれ変わり，マーケティングという固有名詞が一般的になっていった。ただし，当初の学問としてのマーケティングは，Smith（1776）と違わず，生活必需品や便益品を含むモノのマーケティングに注目していた。ようやく1960年代になって，マーケティング分野ではあるが，サービスの一般理論を学問として議論する潮流が登場することになる。

（2）産業論を越えたサービスの学問へ

　サービスの学問が成立する前提として，アメリカにおいて1930年代までに市場づくりの学問としてのマーケティング分野が確立したこと，そして，もう1つの学問上の土台を忘れてはならない。それは，17世紀の重商主義的な主張である「農業より工業がもうかり，工業より商業がもうかる」という命題（主張や言明）をふまえ，国の産業構造が農林水産業から製造業，そしてサービス産業へと発展することをClark（1940）が実証したことである。第1章でも取り上げたこのペティの法則は，1940年代に重要な社会科学的知見として世界に広まっていった。そして第二次世界大戦以降，サービス産業の経済的な重要性を指摘する議論が，資本主義諸国で数多くなされた。

　1960年代になると，サービス産業の重要性に関する議論を越え，サービスの一般理論を志向する萌芽的議論が見られるようになる。

　Journal of Marketing に掲載されたRegan（1963）は，モノとしての商品市場が大きく成長してきた背後にはサービスシステムの開発（development）があると主張する。Regan（1963）はこれを「サービス革命」と呼び，製造業における大量生産の技術に類するものが，サー

ビス技術として発展・浸透してきたことを指摘する。このサービス技術
には，セルフサービス技術や自動販売機も含まれ，技術（サイエンス）
と個別対応（アート）の関係にも触れ，第8章で取り上げるサービス工
学1.0に通ずる萌芽的な議論を行っている。加えてRegan（1963）は，
後述するIHIPに相当する議論として，「サービスの無形性（intangibility），
消滅性（perishability），異質性（heterogeneity），偏在性（ubiquity）
が，さまざまなサービスの全体的な理解を困難にしている。」（p.58）と
述べている。サービス一般の特性に触れた点でも，Regan（1963）の
サービスサイエンスに対する貢献は大きい。

　同じく*Journal of Marketing*に掲載されたJudd（1964）は，モノと
の対比の中で，市場取引されるサービスの定義と分類を行っている。
Judd（1964）はモノの取引の本質を所有権の移転，サービスの取引の
本質をモノの所有権の移転以外を目的とするものとする。そして，（1）
モノのレンタルサービス（rented goods services），（2）所有されたモ
ノに対するサービス（owned goods services），（3）モノではなく体験
を売るサービス（non-goods services），という3区分を提案している。
この3区分は，山本（1999）のモノの所有権／使用権に注目した類型，
そしてサービスならではの特徴をモノの使用権やアクセス権に置く
Lovelock and Gummesson（2004）のrental/access perspectiveへと発
展する。資源を共有する（sharing resources）手段としてのサービス
という考え方を提示したこのrental/access perspectiveは，近年のシェ
アリングエコノミーやプラットフォームサービスを基礎づけるパラダイ
ムとなっている。

　同じく*Journal of Marketing*に掲載されたRathmell（1966）は，上
述したRegan（1963）やJudd（1964）などの議論を基礎として，「ある
プロダクトは，モノとサービスの連続体（goods-service continuum）

である」という命題，そして非営利サービスや公共サービスも含む包括
的なサービスマーケティング（services marketing）研究の必要性を提
示した，画期的な論文である。前者のモノとサービスの連続体とは，完
全にモノから構成されるプロダクトと完全にサービスから構成されるプ
ロダクトを両極として，モノとサービスの最適な組み合わせによって1
つのプロダクトが構成されるという考え方である。この考え方は，モノ
かサービスか，製造業かサービス産業か，といったそれまでの二項対立
的な考え方を否定し，より現実に即したサービス現象の観察法となって
きた。後者のサービスマーケティング研究の必要性は，筆者が知る限
り，サービスの一般理論を学問として取り扱うパースペクティブを示し
た最初の重要な言及である。そして，Rathmell（1966）から後述する
Shostack（1977）へとつながり，サービスマーケティング，サービスマ
ネジメント，そして現代のサービスサイエンスが発展していくことに
なる。

2.　サービスマーケティングの具現化

（1）1970年代の展開

　1970年代になると，ドイツ語圏の生産理論におけるサービス研究の
登場，英語圏のマーケティング分野を中心としたサービス研究の深化，
という2つの展開が見られるようになる。前者はドイツ語圏で伝統的な
製造業の生産理論をサービスへと拡張しようとするものであり，最終的
には1990年代に英語圏のサービスマーケティングとの融合が進む[2]。
一方，英語圏のサービスマーケティングは，1970年代に少なくとも以
下の5つの重要な個別命題が議論されはじめ，米国マーケティング学会
の1981年会議におけるサービスマーケティングの学問的基盤の確立に
至る。

---

[2]　ドイツ語圏のサービス生産理論の詳細や史的展開は，岡田（2005）や岡田
（2006）を参照されたい。

命題1：サービスも，製品と同様に，大量生産のような製造業的アプローチを応用できる（Levitt 1972 ほか）

命題2：ただし，IHIP というサービスならではの特徴があるため，製造業的アプローチには限界がある（Sasser et al. 1978 ほか）

命題3：そこで，マーケティングについては，コアプロダクトがモノかサービスか，プロダクト構成がモノ中心かサービス中心かによって，方法を変えるべきである（Shostack 1977 ほか）

命題4：一方，オペレーションの開発や管理については，顧客との接点や相互作用が密な場合には効果性を，疎な場合には効率性を規準にすべきである（Chase 1978 ほか）

命題5：ここで，サービスの生産性をより高めるには，共同生産者としての顧客に対する理解，そして顧客による協力と貢献が重要となる（Lovelock and Young 1979 ほか）

　命題1と命題2は，前述した Regan（1963）の系譜である。命題1は，技術と標準化を駆使して属人的な異質性や非効率性を低減し，規模の経済性を働かせた利益の獲得を目指すものであり，マクドナルドやウォルマートがその代表例としてしばしば取り上げられてきた。しかし，全てのサービスが製造業的アプローチを応用できるわけでなく，また，顧客もそれを求めていない状況もある。そこで，Regan（1963）が指摘したサービスの特徴（無形性，消滅性，異質性の3つ）に，同じく1960年代から指摘されてきた「生産と消費の同時性」という特徴を加味して，俗に「アイヒップ」と呼ばれる IHIP（Intangibility, Heterogeneity, Inseparability and Perishability）が整理されていく。

そして，この典型的なサービスの4つの特徴を熟慮したサービスのマーケティングやオペレーション管理の必要性が叫ばれた（命題2）。

Intangibility：無形性。有形なモノと比較して，サービスは無形である。

Heterogeneity：異質性。モノと比較してサービスは標準化が難しく，品質がばらつきやすい。

Inseparability：不可分性。モノと比較してサービスは生産と消費が不可分であり，同時性が高い。

Perishability：消滅性。モノと比較してサービスは在庫として蓄積することが難しく，その場で消滅しやすい。

　一方，命題3はRathmell（1966）の系譜である。サービスマーケティングの確立に関する記念碑的な論文（Fisk et al. 1993）とも評されるShostack（1977）は，Rathmell（1966）の「あるプロダクトは，モノとサービスの連続体である」という命題を発展させ，分子モデル（molecular model）という画期的な方法でプロダクトを描いた。そして，無形要素であるサービスをコアプロダクトとし，無形支配のプロダクトになればなるほど，有形の証拠を重視したマーケティング戦略が重要になることを提言した。一方で，有形要素であるモノをコアプロダクトとし，有形支配のプロダクトになればなるほど，無形のイメージを重視したマーケティング戦略が重要になるとした。

　図2-1の左図は，典型的なフルサービスの航空会社のプロダクトである。そして**図2-1**の右図は，典型的な自動車会社のプロダクトである。左図と右図を対比してわかるように，左図に示される典型的なサービス産業のプロダクトは，コアプロダクトが無形要素（左図では輸送）

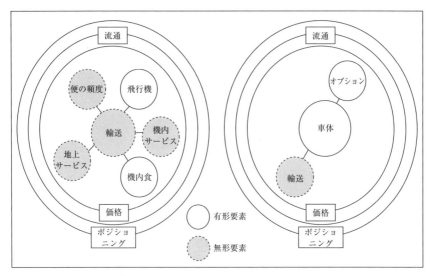

出所：Shostack（1977）p.76

図2-1　Shostackの分子モデル

である。そして，プロダクト構成も無形支配である。対して，右図に示
される典型的な製造業のプロダクトは，コアプロダクトが有形要素（右
図では車体）であり，プロダクト構成も有形支配である。そして，コア
プロダクトに付随して，もしくはコアプロダクトを提供するために必要
な要素として，有形要素と無形要素が描かれる。分子モデルは伝統的な
マーケティングミックスである4つのPを土台とし，分子的に捉えた
プロダクト構成（Product）について価格が設定され（Price），流通さ
れ（Place），顧客の心にポジショニングされる（Promotion）と考えて
いる。さらに，この分子モデルの考え方は，第3章で取り上げるよう
に，サービス設計の方法論へと発展していく。

　命題4と命題5は，上述した命題1と命題2を基礎としてサービスの

生産性を強く意識した議論であり，*Harvard Business Review* 誌が貢献
した。命題4はオペレーション管理の立場から，命題5はマーケティン
グの立場から，サービスならではの論点を提示している。

　サービスの生産性戦略について，Sasser（1976）は，単に大量生産的
にサービスシステムを構築するだけでなく，サービス需要が時間的に均
等になるように価格やサービス内容を工夫することも重要であるとし
た。対してChase（1978）は，製造業のように大量生産的に効率性を追
求できるのは，顧客との間の接点や相互作用が疎な場合（ローコンタク
トな場合）であって，顧客との接点や相互作用が密な場合（ハイコンタ
クトな場合）はそうではないとする。顧客との接点や相互作用が密な場
合には，突発的で確率的な顧客の到着や立ち振る舞いにうまく対処せね
ばならず，従業員の態度，施設の環境，顧客の態度の3点が最終的な
サービス体験の質を決定してしまうのである。

　そのため，顧客との接点や相互作用が密でなければならない部分と疎
でよい部分とを考え，明確に区分し，前者は顧客の不確実性に対して効
果的に，後者は製造業の生産管理のように効率的に管理することが推奨
される（命題4）。そして，特に顧客との接点や相互作用が密な場合に，
サービスの生産性を高めるためには顧客の不確実性にうまく対処する必
要がある。その際に，ターゲットとする顧客の信条や価値観，ライフス
タイルや行動パターンなどを綿密に分析し，それらをサービスプロセス
やマーケティング方法に反映させることが重要となる（Lovelock and
Young 1979）。なぜなら，サービスの共同生産者である顧客について理
解し，うまく役割を伝えて顧客の行動と期待を変化させることで，顧客
の不確実性が減少するとともに顧客参加が進み，より高い生産性が実現
できるのである（命題5）。

（2）サービス・マーケティングミックスへ

　1970年代に議論され出した5つの命題は，学問としてサービスの一般理論が体系化されていく嚆矢となった。そして，サービスマーケティングの確立を代表するかのように米国マーケティング学会でサービスに特化した最初の会議が1981年に開催され，この1981年会議において，後にサービス・マーケティングミックスと呼ばれ実務的にも学術的にも広く知られるようになる7つのPの考え方が提示された（Booms and Bitner 1981）。

　　Product：何を提供するか。無形要素をコアとするプロダクト構成。
　　Price：いくらで提供するか。価格や収益モデル。
　　Place：どこで提供するか。場所や流通チャネル。
　　Promotion：どのように訴求するか。販売促進や広報。
　　Process：どうやって提供するか。提供プロセスやアクセス方法。
　　Participants：誰が提供するか。顧客を含む人的要素。
　　Physical evidence：どうやって保証するか。物的証拠や物的環境。

　1960年代以降，収益最大化問題としてマーケティングの問題を捉えた場合，重要な収益ドライバーは4つのP（Product, Price, Place and Promotion）にあると考えられてきた。何を，いくらで，どこで売り，どのように顧客に訴求するかが，製造業にとって収益最大化のための重要な意思決定変数となるのである。しかし，1970年代のサービス研究の議論では，前述したShostack（1977）の分子モデルのように，未だモノに主眼を置いた4つのPの範疇にあった。そして，この伝統的なモノのマーケティングミックスを変革できずにもがいていた。
　ここでBooms and Bitner（1981）は，1970年代までのサービス研究

における議論をふまえ，4つのPを尊重しつつ，新たに3つのP（Process, Participants and Physical evidence）を付け加えるかたちで，7つのPの可能性を示した。この7つのPが，後にサービスマーケティング研究者たちによってサービス・マーケティングミックスと呼ばれ，発展・普及していった。

　ここでは追加された3つのPの意義について考えてみよう。サービス事業者が収益最大化問題を考える時，その重要な収益ドライバーとして，Process, Participants, Physical evidence を工夫することも忘れてはならない。例えば，以下のような経験をしたことはないだろうか。

〈収益ドライバーとしての Process の例〉
　・丁寧に接客してくれるから，このお店にした。
　・店員がすぐに話しかけてくるので，あのお店には行かない。
　・スマホで簡単に予約できるから，このお店にした。
　・長く待たされるから，あのお店には行かない。
〈収益ドライバーとしての Participants の例〉
　・あの店員がいるから，このお店にした。
　・店員が不愛想で不潔だから，あのお店には行かない。
　・いつもいる常連客と話したいので，このお店にした。
　・他の客が騒々しく落ち着かないので，あのお店には行かない。
〈収益ドライバーとしての Physical evidence の例〉
　・明示されたコスパが妥当だから，このお店にした。
　・入ってみないとわからないから，あのお店には行かない。
　・おしゃれできれいなお店だから，このお店にした。
　・ボロボロで汚いお店だから，あのお店には行かない。

上述した例は，必ずしも全てのサービスにあてはまるものではないことに注意してほしい。しかし，このような観点から，顧客はサービスを選んでいる可能性を忘れてはならない。そして，ターゲットとする顧客を理解し，そのニーズや期待に応え，顧客とともに効果的・効率的に（つまりスマートに）サービス提供を行うことが重要となる。これにより，顧客にとっては満足や感動が，サービス事業者にとっては高い生産性や収益性が実現される姿がイメージできよう。

一方で，本章で取り上げたサービスの一般理論を目指す研究上の議論は，その多くが規範的（normative research）であり，経験的（positive research）なものもごく少数の断片的な事例にしか基づいておらず，実証研究（empirical research）として証拠能力がある研究成果だとは言い難いことに注意する必要がある。このサービス研究のサイエンスとしての課題は1980年代以降も残り続けるものの，1980年代以降には定量的な実証研究が少しずつなされるようになり，「もっともらしさ」だけでなく「確からしさ」も保証されたサービスサイエンスの知の体系が形成されていくことになる。

《推奨する自習》
1．放送大学の教育サービスモデル，そして大学において新型コロナウィルス対応で促進されたオンライン／オンデマンド教育を題材にして，IHIPが普遍の原理なのかを考えてみよう。
2．現在の放送大学の教育サービスについて，サービス・マーケティングミックスの枠組みで整理してみよう。そして，将来あるべき放送大

学の教育サービスについて，マーケティング戦略を考えてみよう。

3．あなたが働く企業・団体や店舗・事業所などについて，そのプロダクトをサービス・マーケティングミックスの枠組みで整理してみよう。そして，将来あるべきマーケティング戦略を考えてみよう。

参考文献

Booms, J. A. and Bitner, M. J. (1981). Marketing strategies and organizational structures for service firms, in Donnely, J. H. and George, W. R. (Eds.), Marketing of Services, American Marketing Association.

Chase, R. B. (1978). Where does the customer fit in a service operation?. Harvard business review, 56, 137-142.

Clark, C. (1940). The Conditions of Economic Progress, Macmillan.

Delaunay, J-C. and Gadrey, J. (1992). Services in Economic Thought: three centuries of debate, Springer (English translation by Heesterman, A. R.).

Fisk, R. P., Brown, S. W. and Bitner, M. J. (1993). Tracking the evolution of the services marketing literature. Journal of retailing, 69(1), 61-103.

Judd, R. C. (1964). The case of redefining services. Journal of marketing, 28, 58-59.

Levitt, T. (1972). A production-line approach to service. Harvard business review, 50, 63-74.

Lovelock, C. and Gummesson, E. (2004). Whither services marketing?: in search of a new paradigm and fresh perspectives. Journal of service research, 7(1), 20-41.

Lovelock, C. H. and Young, R. F. (1979). Look to consumers to increase productivity. Harvard business review, 57, 168-178.

Regan, W. J. (1963). The service revolution. Journal of marketing, 27, 57-62.

Rathmell, J. M. (1966). What is meant by services?. Journal of marketing, 30, 32-36.

Sasser, W. E. (1976). Match supply and demand in service industries. Harvard business review, 54, 133-140.

Sasser, W. E., Olsen, R. P. and Wyckoff, D. D. (1978). Management of Service Operations, Allyn and Bacon.

Shostack, G. L. (1977). Breaking free from product marketing. Journal of Marketing, 41(2), 73-80.

Smith, A. (1776). An inquiry into the nature and causes of the wealth of nations. University of Chicago Press (Facsimile of 1904 ed. in 2012).

岡田幸彦 (2005). Corsten サービス・マネジメント論に内在する生産論的思考とその意義に関する考察. 産業経理, 65(3), 118-127.

岡田幸彦 (2006). サービス組織の原価管理論, 一橋大学大学院商学研究科博士論文.

山本昭二 (1999). サービス・クオリティ―サービス品質の評価過程―, 千倉書房.

推奨する関連文献

浅井慶三郎, 清水 滋編著 (1985). サービス業のマーケティング, 同文舘.

小川孔輔, 戸谷圭子監訳 (2005). サービス・マーケティング入門, 法政大学出版局. (Fisk, R. P., Grove, S. J. and John, J. (2004). Interactive Services Marketing, 2 nd ed., Houghton Mifflin.)

近藤隆雄 (1999). サービス・マーケティング：サービス商品の開発と顧客価値の創造, 生産性出版.

村松潤一, 大藪亮編著 (2021). 北欧学派のマーケティング研究：市場を超えたサービス関係によるアプローチ, 白桃書房.

山本昭二 (2007). サービス・マーケティング入門, 日本経済新聞出版社.

3 | サービスの設計図化： サービスブループリンティング

岡田幸彦

《目標＆ポイント》 本章では，Shostack（1977）を起点として1980年代に発展したサービスの設計図化の基礎を取り上げる。「何を」提供するかは分子モデル，「どうやって」提供するかはサービスブループリンティングという方法論を理解するとともに，その後の議論，そして2000年頃から提案されたLovelock型ブループリントの応用力を身につける。

《キーワード》 サービスデザイン，分子モデル，サービスブループリンティング

1.「何を」(Product)から「どうやって」(Process)へ

（1）分子モデルの新たな応用法

　第2章で取り上げた分子モデルは，サービスプロダクトの企画，つまり「何を」提供するかの分析や設計にも適している。そのため，現代のサービスマーケティングやサービスマネジメントの教科書（Lovelock and Wright 1999ほか）では，サービスとは何かを理解するためだけでなく，サービスデザインの文脈でも分子モデルがよく取り上げられる。そして，サービスのリエンジニアリングのためにも分子モデル的なアプローチが応用できるという指摘もある（伊藤編著 2016）。ここではまず，第2章で取り上げた分子モデル（図2-1）を次頁に図3-1として再掲し、それを題材に，その実務的な応用法を考えてみよう。

　図3-1の左図は，典型的なフルサービスの航空会社のプロダクトで

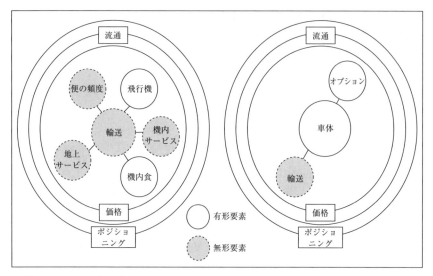

出所：Shostack（1977）p.76

図3-1　Shostackの分子モデル

ある。まず，これを題材に考えてみよう。1970年代までの航空産業は，フルサービスのプロダクトが一般的であった。楠木（2012）が取り上げるように，アメリカのサウスウエスト航空は「空飛ぶバス」という画期的なコンセプトのもと，機内食を全廃した。バスでは機内食は出ず，また，機内食にはコストがかかり，バスと同水準の低価格帯を実現するには障壁になるのである。さらに，バスと同じ価格帯で収益性を維持するために，機内サービスや地上サービスを必要最小限のものにしていった[1]。このように，余分なものを取り除き，やるべきことに特化する低

---

[1]　筆者は2007年12月にロンドンで，亡くなる直前のLovelockと大英博物館などの現地調査を行った。その際にLovelockから紹介され，アメリカのサウスウエスト航空を現地調査したことがある。この時，同社から1970年代のライバル企業との闘争の歴史を教わり，その中でのプロダクト構成の歴史的変遷にかかる記録資料を閲覧した。そこでは，分子モデル的に描いてはいなかったが，ここで書いた内容に相当する議論が利益ベースでなされていた。そして，この生き残りのための議論が，1970年代を通して継続されていた。

価格戦略は，サウスウエスト航空を1つの根拠としてノーフリル（no frills）とも呼ばれてきた。そして，現代では一般的となったLCC（ローコストキャリア）は，サウスウエスト航空を起源としている。

　ここでの題材のように，ポストイットなどを用いて既存の競合他社のサービスプロダクトを分子モデル的に描き，それをもとに自社のあるべきプロダクト構成を考えることは，現代においても有用である。そしてこのアプローチは，農林水産業の6次産業化や製造業のサービス化においても有用となろう。

　図3-1の右図は，典型的な自動車会社のプロダクトである。1990年代後半からアメリカで加速した個人向けの新車リース，そして2010年代中頃から世界的に叫ばれてきたMaaS（Mobility as a Service）は，有形要素である自動車の「車体」にまつわるプロダクト構成を革新する取り組みとして理解できる。前者は，モノの所有権を売るのではなく，その期間使用権を売るため，コアプロダクトは無形要素の「輸送」と位置付け直すことができる。そしてこの「輸送」の周辺に，有形要素の「車体」や無形要素の「メンテナンス」などを付加したトータルパッケージとしてのプロダクト構成とし，それを大学生でも支払可能な月額数万円の価格設定とするものとみなすことができる[2]。対して後者は，前者と同じく「車体」を周辺に置き，コアプロダクトとして無形要素を何にするのかの競争と議論が今まさに起きていると理解できよう。

　このように，「何を」提供するかに注目する分子モデルは，現代においても，自身のプロダクト構成の変革や新商品企画の際に有用となろう。

---

[2]　自動車運転免許さえ持たない筆者は，個人向けの新車リースの存在を知らなかった。2007月12月にロンドンでLovelockは，rental/access perspectiveの事例として，日本の自動車産業に負けないために自動車会社のバリューチェーン革新として発展したアメリカの個人向け新車リースの歴史，そしてLovelockが大学に戻る以前のコンサルタントとしての関わりを筆者に教えてくれた。そしてこれと関連して，自身のコンサルティング経験をふまえた分子モデルの応用法，さらには後述するLovelock型ブループリントの応用法を教わった。

（2）分子モデルとブループリンティングの併用アプローチ

　米国マーケティング学会の 1981 年会議において，Shostack（1981）は，分子モデルをサービスデザインへと応用する新たなアプローチを提案する[3]。それは，戦略や顧客を所与としたうえで，「何を」提供するかについては分子モデルによって，それを「どうやって」提供するかについてはサービスブループリンティングによって，全体的にデザインしていくという併用アプローチであった[4]。そしてこの併用アプローチでは，同じく 1981 年会議で提案された「7つの P」でいう Process と Physical Evidence が明示的に考慮されており，Participants については後述するブループリントの役割（縦軸）などに反映されていた。

　Shostack（1981）の分子モデルは，サービスデザインを目的とするため，Shostack（1977）における当初の分子モデルから多少の拡張がなされている。Shostack（1977）の分子モデルにおけるプロダクト構成要素は有形要素と無形要素の 2 分類であったが，Shostack（1981）の分子モデルではモノ要素（product elements）・サービス要素（service elements）・重要な物的証拠（essential evidence）の 3 分類となっている。ここで重要な物的証拠とは，所有権は移転しないがサービスを顧客に提供する上で欠かせない施設・設備や人などのことをいう。加えて，周辺的な物的証拠（peripheral evidence）も箇条書きで補足される。周辺的な物的証拠とは，所有権は顧客に移転するが，それ自体に価値がほ

---

[3]　この論文は，1981 年会議において報告されたワーキング・ペーパーの完成版である。1981 年会議はサービスマーケティングに特化した最初の国際会議だと考えられており，4つのトラック（プロフェッショナルサービスの部，サービス理論の部，非営利・公共サービスの部，営利サービスの部）が設けられた。そして，Shostack は営利サービスの部，Lovelock はサービス理論の部の座長を務めた。Shostack（1981）の報告はサービス理論の部でなされた。その他，Berry，Bitner，Booms，Fisk，Grönroos，Lovelock，Zeithaml といったサービスマーケティングのパイオニア達もこの 1981 年会議で報告を行った。
[4]　サービスブループリンティング研究の史的展開の詳細は，岡田（2005）や岡田（2006）を参照されたい。

とんどない領収書や入場券などのことをいう。

　ここでShostack（1981）は，分子モデル的に設計されたサービスプロダクト，つまり「何を」提供するかが描かれた後に，それをサービスプロセスとして「どうやって」提供するかを設計する必要性を論じる。この際，サービスプロセスを設計する際の基本要件として，（1）時間軸の考慮，（2）サービス提供に関する全ての主要活動（all main functions）の明確化，（3）各サービス活動の許容範囲の定義，の3つを取り上げる。ここで彼女は，従来の設計アプローチ[5]はこれらの要求に対してどれも完璧な解を与えるものではないという理由から，従来のアプローチを統合し，発展させた。

　Shostack型ブループリントの構造は，**図3-2**のとおりである。縦軸

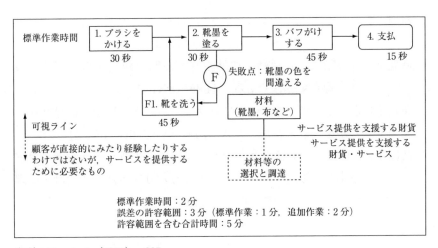

出所：Shostack（1981）p.227
図3-2　Shostack型ブループリント

[5]　Shostack（1981）は，サービスブループリンティングのルーツとして，time/motion or methods engineering, PERT/project programming, computer system and software designの3つのアプローチを取り上げている。Shostack（1984）以降の研究では，これら3つのアプローチに加え，意思決定理論やW. Edwards Demingの品質管理に関する議論もサービスブループリンティングのルーツであるとしている。

は役割，横軸は時間を示している。そして，当該サービスの一連の時間的なフローがベースとなり，サービス提供活動の重要なステップが記述される。縦軸は「可視ライン（line of visibility）」によって，顧客から見えるサービス提供者の活動，顧客から見えないサービス提供者の活動，という2つのパートに区分される。さらに，サービスを提供するために必要なモノが記述される。加えて，「失敗点（fail point）」というサービスの成果を決定付けるポイントが識別され，リカバリー方法も記述される。また，各サービス活動の標準作業時間とその許容範囲も記入される。

Shostack型ブループリントが示唆するサービスプロセスを設計・管理する際の重要な命題は，少なくとも4点ある。

命題1：サービスプロセスは，ヒトの活動や行為の連鎖として設計・管理すべきである（Activity-based）。

命題2：その際に，各活動を標準や許容範囲の観点から時間的に設計・管理すべきである（Time-driven）。

命題3：そして，どこまで顧客に見せて，どこからは顧客に見せないのかを設計・管理すべきである（Visibility-based）。

命題4：さらに，ヒトは失敗するものなので，失敗しそうなポイントを事前に検討・明示し，そのリカバリー方法まで設計・管理すべきである（Resilience-oriented）。

筆者は講義や実務アドバイスにおいて，上の4つの命題に対して筆者が命名したActivity-based, Time-driven, Visibility-based, Resilience-orientedの4点の頭文字を取ったATVR規準をサービスプロセスの設計・管理の規準として推奨してきた。そして，後述する

Shostack型ブループリントの限界を克服したLovelock型ブループリントの提案者であるLovelockからのアドバイスに従い，ポストイットを用いたブループリンティングを推奨してきた。さらに，第2章で取り上げた命題である「オペレーションの開発や管理については，顧客との接点や相互作用が密な場合には効果性を，疎な場合には効率性を規準にすべきである（Chase 1978ほか）」に従い，可視ラインより上は顧客にとっての効果性を，可視ラインより下は自社にとっての効率性を規準に設計・管理することを推奨してきた。

　以上のサービスデザインのアプローチは，我が国のサービス現場でよく見られる，文書として箇条書きされたマニュアルとは大きく異なっている。我が国でよく見られるマニュアルでは，Activity-basedではあるかもしれないが，Time-driven，Visibility-based，そしてResilience-orientedの3点についてはほとんど考慮されていないことを筆者は目の当たりにしてきた。我が国においてスマート・サービスイノベーションによる生産性向上を目指す際，Shostack型ブループリントから学ぶものは，今もなお多い。

2. Lovelock型ブループリントとしての体系化

（1）Shostack型ブループリントに対する批判とその後の展開

　Shostack（1981）を起源とするサービスの設計図化の議論は，その中核技法であるサービスブループリンティングを中心に発展し，実務的な応用も進む。アメリカを中心に実務においてサービスブループリンティングは広く利用され，その成果は数々の専門文献で取り上げられている。例えばHeskett et al.（1997）は，サービスブループリンティングの優れた成果としてShouldice Hospitalのケースを取り上げている。また，Lovelock and Wright（2002）は，Canadian Pacific Hotelのケース

を取り上げ，サービスブループリンティングの有用性を論じている。その他，Kingman-Brundage, Inc. のようなコンサルティングファームが，サービスブループリンティングを用いてサービス組織の業績向上をサポートしてきた。

　しかし，Shostack 型ブループリントには，少なくとも 2 点の研究上の批判があった。図 3-2 を見てわかるとおり，Shostack 型ブループリントでは，サービスエンカウンターやフロントステージとも呼ばれる可視ラインより上の部分において，顧客の活動が十分考慮されていないのである。Lovelock（1984）は，「実際的には，各サービスに対して 2 つのブループリントが必要とされる。1 つめは，（Shostack 型ブループリントのように）組織の視点から手順やシステムを描くべきであり，現場の背後でおこる事象を扱うものである。2 つめは，顧客の視点からサービスエンカウンターを描くべきである。」（p.61，括弧内は筆者が加筆）と，明確にこの事実を指摘している[6]。加えて Baum（1990）は，サービスブループリンティングが短期的な利益の追求のために用いられる傾向があり，サービス品質の低下につながる危険性を指摘している。

　顧客の活動を考慮し，顧客第一で顧客接点を設計・管理するにはどうすればよいのか。

　この問いに対し，少なくとも 1985 年には Shostack 型ブループリントを用いてコンサルティング業務を行い，Shostack とも共同研究を行った Kingman-Brundage が，ブループリントの拡張を行う（Kingman-Brundage 1989 ほか）。しかしながら，Kingman 型ブループリントは，顧客の活動，従業員の活動，組織内のサポート体制，管理体制という多様な属性を扱いすぎていた。ゆえにその図の内容は複雑なものとなり，

6　なお，Lovelock（1984）が指摘した 2 つめのブループリントである「顧客の視点からサービスエンカウンターを描くべきである」という部分は，その後カスタマージャーニーと呼ばれるようになり，実務的にはカスタマー・ジャーニーマップとして発展していく。

それに呼応するかのように Kingman-Brundage の研究は理論的なサービスロジック研究へと離れてしまう[7]。

　実用性を取り戻し，顧客中心で顧客接点を第一とするサービスブルー プリンティングを整理・体系化したのが，Lovelock である。

（2）Lovelock 型ブループリントとしての体系化

　21 世紀を迎える頃から，サービスブループリンティングはサービス のマーケティングやマネジメントを扱ったテキストの中で，個別技法と して数頁を費やして説明されるようになる。例えば Lovelock and Wright（1999）では，サービスブループリンティングは「サービスの ポジショニングと設計」という章の中でフローチャートを洗練したツー ルとして簡単に紹介されているのみであった。そして，サービスプロセ スを描写する手法は「フローチャート」という名称で説明がなされてい た。ところが，第2版に改訂された Lovelock and Wright（2002）では， サービスブループリンティングは「サービスプロダクト」という章の中 で独自の技法として 10 頁にわたり詳細に説明がなされるようになる。

　Lovelock and Wirtz（2004）は，「サービスブループリントを作成す る最適な唯一の方法はないが，1 つの組織内では一貫したアプローチを 採用した方がよい。本章では Jane Kingman-Brundage によって提案 されたアプローチを修正し，単純化する。」（p.232）と述べ，Lovelock 型ブループリントを取り上げる。そして，サービスプロセスの設計と管 理について 1 章を費やして説明を行い，「我々はサービスプロセスを理 解し，可視化し，分析し，改善するための強力なツールとしてブループ リンティングを詳細に取り上げた。ブループリンティングはサービスの 失敗点を洗い出し，削減することを助け，サービスプロセスのリデザイ ンに重要な視野を与える。」（p.256）と総括している。

7　Kingman 型ブループリントと史的展開の詳細は，岡田（2005）や岡田（2006） を参照されたい。

　Lovelock型ブループリントの構造は，**図3-3**のとおりである。ここで，第2章で取り上げた命題4と命題5を思い出してほしい。前者は，顧客との接点や相互作用が密でなければならない部分と疎でよい部分とを考え，明確に区分し，前者は顧客の不確実性に対して効果的に，後者は製造業の生産管理のように効率的に管理すべきだとした（Chase 1978 ほか）。後者は，特に顧客との接点や相互作用が密な場合に，サービスの共同生産者である顧客について理解し，うまく役割を伝えて顧客の行動と期待を変化させることで，顧客の不確実性が減少するとともに顧客参加が進み，より高い生産性が実現できるとした（Lovelock and Young 1979 ほか）。

　Lovelock型ブループリントは，これらの命題と上述したLovelock（1984）の考えに対応し，自身のブループリンティングを用いたコンサルティング経験をふまえた彼流の実用的なツールを提案するものであったと言ってよい。Lovelock型ブループリントの構造に関する大きな特徴は，顧客第一の活動設計，時間軸概念の拡張の2点にある。これらは，従来のブループリントの縦軸と横軸の両方が再編される形で表現される。

　まず，Lovelock型ブループリントでは，顧客の活動が全ての基準となる。そして，顧客の活動フローの各ステップに対し必要とされるサービス提供者の活動が，図の下方向へとリストされる。そこでは，サービス提供者が行う活動間の関係性は熟慮されない。それまでのブループリンティングとは異なり，フローチャートではなく，単純にリストされるのである。また，顧客の活動の各ステップで重要となる物的証拠，標準作業時間，失敗点，待ち時間が発生しそうな点などが追記される。さらに，「内部相互作用ライン（IT）」が考慮され，情報技術によるサポート体制が描写される。

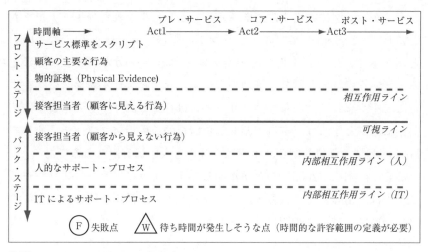

出所：Lovelock and Wirtz（2004）pp.234-237

図3-3　Lovelock型ブループリントの構造[8]

　次に，時間軸概念の拡張であるが，Lovelock 型ブループリントでは
プレサービス，コアサービス，ポストサービスという３つの段階で横軸
の時間的な区分が行われる。コアサービス段階は，顧客が当該サービス
を購買した真の目的を達成する段階で，レストランの例でいう「飲食」
の部分である。プレサービス段階は，顧客がコアサービスを経験するた
めに必要な準備活動の段階であり，レストランの例でいう「予約」や
「移動」および「入店」の部分である。ポストサービス段階は，顧客が
コアサービスを経験したあとに必要とされる活動の段階であり，レスト
ランの例でいう「支払」や「退店」の部分である。

　ここで，現代まで残る Lovelock 型ブループリントが，全てのサービ
スに適切な唯一の設計技法ではないことに注意してほしい。例えば，運
輸業では運行ダイヤが設計図に相当するし，大学ではカリキュラムやシ

8　Lovelock は，Lovelock（2001），Lovelock and Wright（2002），Lovelock and
Wirtz（2004）などにおいて，レストランに関する同様の Lovelock 型ブループリン
トを用いてサービスブループリンティングの説明を行っている.

ラバスが設計図に相当するであろう。しかし，描かれた分子モデルをもとにして，Lovelock型ブループリントの構造（Shostack型でもよい）とポストイットなどを用いて自身のあるべきサービスプロセスを考える，という伝統的な設計・管理の方法論がサービスサイエンスに存在することを，忘れてはならない。サービスは行為であり，その本質が価値共創にあるとすれば，本章で紹介した伝統的な併用アプローチ，そしてLovelock型の価値共創デザインは，今後も大いに有用となるであろう。

　加えて，岡田（2005）などが指摘してきたように，サービスブループリントは，情報共有や教育・人材育成にも大いに活用可能である．この点について，村上（2012）はコンサルティングやシンクタンクのような価値共創による知識サービスプロセスを想定し，サービスブループリンティングを拡張して応用し，自身の長年のコンサルティング／シンクタンク業務にかかる暗黙知的な知見を体系立てて形式知化し，後人に伝承しようとしている．今後我が国は若者や働き手が減り続けることが予想されるため，熟練や年長者の貴重な経験を効果的・効率的に伝承するためにも，サービスブループリンティングは有用となろう。

《推奨する自習》

1. 放送大学の教育サービスプロセスを，Shostack型ブループリントで描いてみよう。そして，放送大学にとってより効率的なプロセスを考えてみよう。
2. 放送大学の教育サービスプロセスを，Lovelock型ブループリントで描いてみよう。そして，受講生にとってより効果的なプロセスを考

えてみよう。

3．あなたが働く企業・団体や店舗・事業所などについて，そのサービ
　スや仕事のプロセスをブループリントで描いてみよう。そして，将来
　あるべきサービスや仕事のプロセスを考えてみよう。

参考文献

Baum, S. H. (1990). Making your service blueprint pay off!. Journal of service marketing, 4(3), 45-52.

Chase, R. B. (1978). Where does the customer fit in a service operation?. Harvard business review, 56, 137-142.

Heskett, J. L., Sasser Jr, W. E. and L.A. Schlesinger L. A. (1997), The service-profit Chain: How leading companies link profit and growth to loyalty, satisfaction and value, The Free Press.

Kingman-Brundage, J. (1989). The ABC's of service system blueprinting, in Bitner, M. J. and Crosby, L. A. (Eds), Designing a Winning Service Strategy, American Marketing Association.

Lovelock, C. H. (1984). Developing and implementing new services, in George, W. R. and Marshall, C. E. (Eds), Developing New Services, American Marketing Association.

Lovelock, C. H. (2001). Service marketing: Managing people, technology and strategy, 4th ed., Prentice Hall.

Lovelock, C. H. and Wirtz, J. (2004). Service marketing: Managing people, technology, strategy, 5th ed., Prentice Hall.

Lovelock, C. H. and Wright, L. (1999). Principles of service marketing and management, Prentice Hall.

Lovelock, C. H. and Wright, L. (2002). Principles of service marketing and management, 2 nd ed., Prentice Hall.

Lovelock, C. H. and Young, R. F. (1979). Look to consumers to increase productivity. Harvard business review, 57, 168-178.

Shostack, G. L. (1977). Breaking free from product marketing. Journal of marketing, 41(2), 73-80.

Shostack, G. L. (1981). How to design a service, in Donnely, J. H. and George, W. R. (Eds.), Marketing of Services, American Marketing Association.

Shostack, G. L. (1984). Designing services that deliver. Harvard business review, 62, 133-139.

伊藤嘉博編著 (2016). サービス・リエンジニアリング―顧客の感動を呼ぶホスピタリティを低コストで実現する. 中央経済社.

岡田幸彦 (2005). サービス・ブループリンティング研究の史的展開と将来の発展方向. 一橋論叢, 134 (5), 179-205.

岡田幸彦 (2006). サービス組織の原価管理論, 一橋大学大学院商学研究科博士論文.

楠木 建 (2012). ストーリーとしての戦略―優れた戦略の条件, 東洋経済新報社.

村上輝康 (2012). 知識サービスマネジメント―その作法と骨法, 東洋経済新報社.

推奨する関連文献

Bitner M. J., Ostrom, A. L. and Morgan, F. N. (2008). Service blueprinting: A practical technique for service innovation. California management review, 50(3), 66-94.

Radnor, Z., Osborne, S. P., Kinder, T. and Mutton, J. (2014). Operationalizing co-production in public services delivery: The contribution of service blueprinting. Public management review, 16(3), 402-423.

赤坂文弥, 中谷桃子, 木村篤信 (2020). サービスデザインに関する多様な研究アプローチの可視化と今後の連携に向けた考察. サービソロジー論文誌, 4 (1), 10-17.

下村芳樹, 原 辰徳, 渡辺健太郎, 坂尾知彦, 新井民夫, 冨山哲男 (2005). サービス工学の提案. 日本機械学会論文集 C 編, 71 (702), 669-676.

代田淳平, 嶋崎七美, 西 康晴 (2021). 顧客の感情面の価値に着目したサービスプロセスの改善手法の提案. サービソロジー論文誌, 5 (2), 14-30.

4 | サービスの品質測定：SERVQUAL と SERVPERF

岡田幸彦

《**目標＆ポイント**》　本章では，1980年代から発展したサービスの品質測定の議論を取り上げる。情報経済学で発展したSEC分類がサービス分野に持ち込まれ，サービス分野ならではの品質測定・管理の議論が生まれた史的展開を知り，SERVQUAL，SERVPERF，そしてACSIの枠組みを理解し，それらの応用力を身につける。

《**キーワード**》　SEC分類，サービス品質，SERVQUAL，SERVPERF，ACSI

1. 消費者によるサービス評価

（1）経済学のもうひとつの貢献

　第2章で取り上げたように，サービス研究への経済学の影響は大きい。本章で取り上げるのは，プロダクトの特性に関する議論である。

　1950年代までの経済学は，合理的な個人を想定し，自分が手にする利得が最大になるように行動する人間像を描いてきた。そしてこの立場から，ヒトがモノを買う時，価格が一定であれば，得られる喜びや満足が最も大きいモノを買う消費者像を描いてきた。

　この消費者像は，プロダクトの選択肢が比較的少なく，プロダクトの品質などの情報が追加コストをかけずに手に入る場合は適切かもしれない。しかし，消費者の能力，時間，予算などは限られているため，市場に同様のプロダクトがあふれた場合には，そこでの消費者行動の原理を

説明することが難しくなる。特にプロダクトの品質などの情報は，コストをかけずに簡単に手に入るわけではない。消費者が探索コストをかけて獲得する場合が多いのである。

　情報経済学の発展を土台とした1960年代から，売り手と買い手の間にプロダクトに関する情報の非対称性が存在する状況を想定し，経済学的な消費者像も発展していく。まずStigler（1961, 1962）は，消費者がコストをかけてプロダクトを探し，情報を手に入れ，その中で自身の利得が最も高まるものを選ぶ消費者像を描いた。しかし，Stigler（1961, 1962）の世界観は，プロダクト購入前にプロダクトについて調べれば，当該プロダクトの品質などの情報が必ず手に入る状況のみを想定していた。

　ここでNelson（1970）は，Stigler（1961, 1962）が想定するプロダクトは購入前に調べればわかる探索財（search goods）であり，プロダクトを購入し，試してはじめて情報がわかる経験財（experience goods）が考慮されていないことを指摘する。そして，探索財の購買・消費行動と対比するかたちで，経験財の購買・消費行動を描く。Nelson（1970）の世界観は，探索財であれ経験財であれ，プロダクトから得られる利得やプロダクトの品質などが必ずわかることを想定していた。その意味でStigler（1961, 1962）の延長線上にあるものの，経験財では消費者が購買による実験を繰り返してプロダクトの情報を集め，自身の利得を逐次的に最大化していく消費者像を描いている点で，画期的であった。

　しかし現実には，購買・消費後にもその品質や得られる利得がわからないプロダクトも存在する。特に，医師や弁護士のような専門家が提供する専門サービスは，そもそも購買前に消費者自身が何をどのくらい必要としているかがわからず，購買後にもその専門サービスの品質や得ら

れた利得がわからない場合がしばしば生じる。そして，ともすると，常
に情報優位な専門家がその立場を悪用して詐欺的に振る舞う可能性があ
る。経済学では Darby and Karni（1973）がこの問題を取り上げ，購買
前も購買後もその品質や得られた利得が客観的に評価できないプロダク
トを，信頼財（credence goods）と定義した。そして経済学では，信頼
財市場における固有の競争原理が研究され（Wolinsky 1995 ほか），信
頼財がゆえに生じる詐欺的な専門家の行動インセンティブをふまえ，い
かに専門家にズルをさせない健全な市場を作るかが議論されてきた
（Emons 1997 ほか）。

　経済学で発展したプロダクトの3区分は，その頭文字を取って SEC
分類（SEC classification of goods and services）とも呼ばれ，実務的・
政策的のみならず社会科学全体にも，重要なインプリケーションをもた
らしてきた。その1つが，Zeithaml（1981）を起点とするサービス品質
研究である。

（2）Zeithaml（1981）による革新

　米国マーケティング学会が主催した 1981 年会議において，Zeithaml
（1981）は，現代まで広く引用されるプロダクトの品質属性のフレーム
ワークを提示した（**図4-1**）。

　Zeithaml（1981）は，前述した Nelson（1970）と Darby and Karni
（1973）をもとに論を始め，プロダクトの品質を探索品質・経験品質・
信頼品質という3区分で捉えるべきだとする。そして，購買前でもその
品質を評価しやすいか，それとも購買後になってもその品質を評価しづ
らいか，を両極とし，探索品質・経験品質・信頼品質それぞれに該当す
る典型的なサービスを直線上に位置づけている。

　Zeithaml（1981）は，サービスには無形性・標準化困難性・不可分性

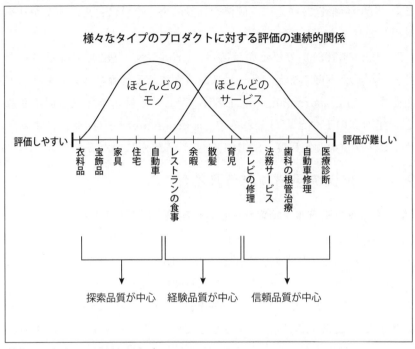

出所：Zeithaml（1981）p.186.[1]

図4-1　Zeithaml（1981）のFigure 1

（生産と消費の同時性）の特徴があるため[2]，消費者による品質評価が困難になることを指摘する。そして，サービスでは経験品質と信頼品質が中心であるため，探索品質が中心のモノとは異なる消費者行動が生じている可能性を論じる。例えば，サービスは事前にその品質がわかりづらいため，人間的な情報源，たとえば友人・専門家のアドバイスや口コミなどの情報を探索しがちになる。そして，体験談を重んじてしまう。

1　この論文は，下記URLから誰でも自由に閲覧可能である。https://www.researchgate.net/publication/235363095_How_Consumer_Evaluation_Processes_Differ_Between_Goods_and_Services

2　この3つは，第2章で紹介したIHIPのIHIに相当する。

また，その無形性がゆえに，価格や施設のような目に見える手がかりを
重視してしまう。

　Zeithaml（1981）の以上の議論は，Grönroos（1982）で提示された
ギャップモデルをふまえ，サービス品質が決まるメカニズムの考察へと
発展する（Parasuraman et al. 1985）。そして，経営学で最も引用され
る研究論文の１つとも言われる Parasuraman et al.（1988）による，
サービス品質の測定尺度（SERVQUAL）の提示にいたる[3]。

2. サービスの品質をどう測るか

（1）ギャップモデル：特定サービスの実際－業界への期待

　サービスマーケティングのパイオニアの１人であり，北欧学派のマー
ケティング研究の中核的な研究者である Grönroos（1982）は，サービ
スはその無形性がゆえにモノよりも品質評価が困難になるとする。そし
て，だからこそサービス品質は，消費者が事前に抱いていた期待と実際
のサービス成果との比較の結果として認識されると考えた。さらに
Grönroos（1984）は，伝統的なマーケティングは期待に注目をしてき
たが，サービス志向のマーケティングは実際のサービス成果に注目する
必要があり，それが売り手と買い手の相互作用の結果として生み出され
る性質を考慮し，この相互作用を管理するインタラクティブマーケティ
ング機能（Grönroos 1978）が重要になると主張した。

　この「期待と実際の対比」に注目した議論を拠り所の１つとし，サー
ビス経営者や消費者へのインタビュー調査をもとに，Parasuraman et
al.（1985）は以下の５つのギャップが重要であり，それらの結果として
消費者が認識するサービス品質が決まると考えた。

---

[3]　本章では，以降において，紙幅および講義時間の制約からスマート・サービス
イノベーションの基礎知識として重要な点のみを取り上げる。SERVQUALの詳細，
それに対する学術的な多くの批判，そして直接的な論争とその後の展開などについ
ては，山本（1995, 1999）を参照されたい。

ギャップ1： 現実の消費者の期待と，消費者の期待に対する経営者の
　　　　　　 認識とのギャップ

ギャップ2： 消費者の期待に対する経営者の認識と，サービス品質の
　　　　　　 仕様とのギャップ

ギャップ3： サービス品質の仕様と，実際のサービス提供との
　　　　　　 ギャップ

ギャップ4： 実際のサービス提供と，広告のような外向きのコミュニ
　　　　　　 ケーションとのギャップ

ギャップ5： 期待されたサービスと，実際に知覚されたサービスとの
　　　　　　 ギャップ

　ここでParasuraman et al.（1985）は，ギャップ1からギャップ4まで の4つのギャップの結果としてギャップ5が決まると考えた。そして，これらのギャップは，サービスマーケティングの代表的な教科書である Zeithaml et al.（2017）において，ギャップ1はlistening gap（顧客の声を聞く際のギャップ），ギャップ2はservice design and standards gap（サービス設計・標準に関するギャップ），ギャップ3は service performance gap（実際のサービス成果に関するギャップ），ギャップ4はcommunication gap（顧客への伝達に関するギャップ）と命名され，それらがギャップ5のcustomer gap（サービス品質に関するギャップ）を生み出すと体系化されてきた。

　そしてParasuraman et al.（1985）は，これらのギャップをいかにうまく埋めるかが重要であり，その際の焦点として，少なくとも10のサービス品質の構成要素（アクセス，コミュニケーション，能力，丁寧さ，信頼性，信用性，反応性，安全性，有形性，顧客の理解）が重要であると整理した。さらに，これらの構成要素からなるサービス品質につ

いて，期待（expected service）より実際（perceived service）の方が大きい場合には品質は満足ラインを上回り，実際より期待の方が大きい場合には品質は満足ラインを下回ると考えた。

　以上の考え方のもと，Parasuraman et al. (1988) は，Parasuraman et al. (1985) で提示された10のサービス品質の構成要素を基点とし，「質問項目の設計→アンケート調査→探索的因子分析→尺度セットの整理」という手順を2回繰り返すことによって，広く消費者向けサービスの品質を測定可能な尺度セットであるSERVQUALを提案した。

　SERVQUALの特徴的な点であり，他の研究者から最も多くの批判が集まった点は，ギャップモデルである。前述したGrönroosの考え方と同じく，Parasuraman et al. (1988) は「Q ＝ P－E」（p.19）という単純な方程式を提示し，「消費者が認識するサービス品質（Q）は，実際に知覚されたサービス（P）と事前に期待されたサービス（E）との差分で決まる」という命題を基本原理と置いた。そして，例えば「大学は最新設備を持つべきだ」という大学業界に対する期待についての質問項目でEを，「放送大学は最新設備を持っている」という実際にサービスを受けた特定の大学に対する質問項目でPを問い，それらについて「強く同意しない」や「全く重要でない」を1，「強く同意する」や「とても重要である」を7とする7点尺度によって測定する。これらの点数の差分を「P－E」と単純計算し，回答者ごとに質問項目ごとのQの値を算出するのである。こうして算出された回答者ごと質問項目ごとのQは，探索的因子分析の基礎データとなり，抽出された因子が何を意味するのかが属人的に解釈される。

　以上の研究方法によって，2回の調査分析を経て提案されたサービス品質の因子構成は，以下の5つであった。

有形性（tangibles）：物理的な施設や設備，従業員の外観など。顧客
　　から目に見える物的な要素の品質。

信頼性（reliability）：約束したサービスを確実かつ正確に実行する能
　　力。サービス事業者と顧客との間の契約履行に関する品質。

反応性（responsiveness）：顧客を手助けし，迅速なサービスを提供
　　する意欲。従業員と顧客との相互作用における，特に時間に関す
　　る品質。

確実性（assurance）：従業員の知識と礼儀作法，そして信頼と信用を
　　得る能力。従業員と顧客との相互作用における，特に安心感に関
　　する品質。

共感性（empathy）：顧客一人一人に合わせたきめ細かな対応。従業
　　員と顧客との相互作用における，特に個別対応に関する品質。

　筆者は SERVQUAL の挑戦的取り組みを高く評価し，特に上の5つ
のサービス品質の要素を重要な知見だと考えている。しかし，山本
（1995，1999）がその史的展開を丁寧に整理するように，Parasuraman
et al.（1988）には無数の批判がなされた。この批判の詳細や対応など
は山本（1995，1999）に譲るが，一連の学術的な論争を経てもなお
SERVQUAL は無視できない学術的・実務的な貢献があり（Zeithaml
et al. 2005），近年ではより洗練された尺度セットやその適切な利用方法
をガイドする専門書（SERVQUAL：A Complete Guide, 2021）さえ出
版されている。

（2）実績基準モデルか，どちらも重要か

　1990 年代になると，SERVQUAL の限界と新たなサービス品質測定
のアプローチを提示する実証的研究が数多くなされた。それらの中で最

も著名であり，現代まで広く引用され，高等教育向けの HEdPERF の
ように応用研究も発展しているのは，SERVPERF（Cronin and Taylor
1992）である。一方，「SERVQUAL か SERVPERF か」（Cronin and
Taylor 1994; Jain and Gupta 2004; Carrillat et al. 2007; Rodrigues et al.
2011 ほか）という諸研究とは一線を画し，サービス産業に限らず「消
費者の購買行動において，あるプロダクトに対する期待品質も実際に経
験した知覚品質もどちらも重要であり，期待品質の高低が起点となる」
という命題を基本原理とする ACSI モデル（Fornell et al. 1996）が提示
され，アメリカを中心に複数の国々で社会実装されてきた。

　まず前者の SERVPERF である。前述のように，SERVQUAL は「Q
＝ P － E」というギャップモデルを基本原理としていた。しかし，ヒト
の満足に関する研究分野で提唱された Oliver（1980）以降の「期待 －
不一致モデル」の諸研究によると，期待と実際との不一致によって決ま
るのは，品質ではなく満足である。そして，古くは満足が品質を決める
という考え方も主張されたが，1990 年代のマーケティング研究では，
反対に，品質が満足を決めることが多くの研究で実証的に示された。な
お，後述する ACSI も，「品質が満足を決める」という考え方を支持し，
従っている。

　Cronin and Taylor（1992）ほかは，SERVQUAL の理論的な欠陥と
して，この「期待 － 不一致モデル」を誤って，もしくは都合よく援用
していることを批判する。つまり，ギャップモデルとしての
SERVQUAL が真に測っているのは，品質の善し悪しではなく，満足度
の高低だと言うのである。ここで Cronin and Taylor（1992）は，「消
費者が認識するサービス品質は，実際に知覚されたサービスによって決
まる」という命題を基本原理とする実績基準モデル（performance-
based model）として SERVPERF を提案し，SERVQUAL と比較した

SEVPERF の優位性を実証的に示す。SERVQUAL は，理論的にも実証的にも，SERVPERF に劣ることが主張されたのである。

　その後の膨大な研究を眺めても，SERVQUAL がサービス品質の測定方法として絶対的に優位であることを示すものはほとんど見られない。学術的には SERVPERF の方がサービス品質の測定方法として優位であり，実務的にも推奨されるというのが，現代のサービス研究者たちの主流の見解であると思われる[4]。そして，高等教育用の SERVPERF，インターネット上の Web サービス用の SERVPERF といったように，必ずしも SERVQUAL の5つの品質属性がそのまま適切なわけではなく，個別のサービスモデルごとに適切な品質属性は異なり，それを考慮した実績基準モデルでサービス品質を測る方向で研究は進んでいる。

　対して，「SERVQUAL か SERVPERF か」という諸研究とは一線を画して研究開発され，社会的な実践が進んでいるのが ACSI モデルである。スウェーデンにおける嚆矢的な研究開発（Fornell 1992）と，これによって測られた顧客満足と業績との間の実証分析（Anderson et al. 1994）を基礎として，ACSI モデルは開発された。ACSI によって提示された因果モデル（Fornell et al. 1996）は，**図4-2**のとおりである。

　Fornell et al.（1996）によると，例えば放送大学を題材にすれば，放送大学生の放送大学の教育サービスに対する期待が高ければ（低ければ），実際に知覚された放送大学のサービス品質も高くなる（低くなる）。そして，これら期待品質と実際品質が高ければ（低ければ），放送大学の教育サービスに対する知覚価値と総合満足度は高くなる（低くなる）のである。つまり，特定のサービスに対する期待と実際はどちらも重要であり，期待と実際のギャップを重要とする SERVQUAL や実際のみを重要とする SERVPERF とは異なる見解を論じているのである。

　　ここで注意すべきは，ACSI モデルは顧客満足とその周辺のメカニ

---

[4]　ただし，この見解は，Zeithaml et al.（2005）の見解とは異なることを注意してほしい。

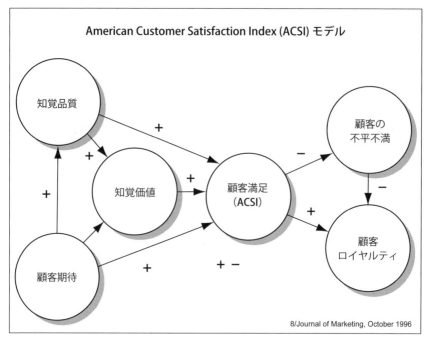

出所：Fornell et al.（1996）p.8.

図4-2　ACSIの基本原理

ズム，そして業種や産業を越えた一般的な関係と比較可能な手法に関心があることである。一方で，SERVQUALやSERVPERFなどの一連のサービス研究は，サービス品質をどう測るべきかについて，絞って深めることに関心があると言ってよい。これらはいずれもスマート・サービスイノベーションを企図する上で重要な知見を与えてくれるものであり，前者は「いかに顧客に大きな期待を抱かせるか」という付加価値向上型マーケティングとして，後者は「いかに顧客にいいサービスを提供するか」という付加価値向上型オペレーション管理として，参考にな

ろう。

　そして，サービスサイエンスが科学的になっていく中核となった研究
系譜が，本章で取り上げたサービスの品質測定にまつわる諸研究であっ
たと言ってよい。その意味でも，この研究系譜の起点となった
Parasuraman et al.（1988）の学術的貢献は多大である。

（3）Zeithaml と Parasuraman は変節したのか？

　前述のとおり，学術的には SERVPERF の方がサービス品質の測定方
法として優位であり，実務的にも推奨されるというのが，現代のサービ
ス研究者たちの主流の見解であると筆者は考えている。そして，必ずし
も SERVQUAL の5つの品質属性がそのまま適切なわけではなく，個
別のサービスモデルごとに適切な品質属性は異なり，それを考慮した実
績基準モデルでサービス品質を測る方向で研究は進んでいるとも述
べた。

　対して Zeithaml et al.（2005）は，Amazon.com のようなインター
ネット上の Web サービスの品質を測定・評価できる尺度セットを提案
する際に，その前提として以下のような発言を行っている。

　「Three broad conclusions that are potentially relevant to
defining, conceptualizing, and measuring perceived e-SQ emerge
from the traditional SQ literature: (a) The notion that quality of
service stems from a comparison of actual service performance
with what it should or would be has broad conceptual support,
although some still question the empirical value of measuring
expectations and operationalizing SQ as a set of gap scores; (b) the
five SERVQUAL dimensions of reliability, responsiveness,
assurance, empathy, and tangibles capture the general domain of

SQ fairly well, although (again from an empirical standpoint) questions remain about whether they are five distinct dimensions; and (c) customer assessments of SQ are strongly linked to perceived value and behavioral intentions.」(p.2)

　要約するに，Zeithaml と Parasuraman は，一連の批判や論争を経た後にもギャップモデルは概念的には広く支持されており，5 つの品質属性もサービス品質の一般的な領域を非常によく捉えている，と主張している。それにもかかわらず，Zeithaml et al.（2005）は，ギャップモデルを採用しない合理的な説明のないままに，SERVPERF の実績基準モデルとして Web サービスの品質測定尺度セット（E-S-QUAL）とサービスリカバリーの品質測定尺度セット（E-RecS-QUAL）を提案している。そして，それらの品質属性は，以下のとおりである。

〈Web サービスの通常時の品質属性（E-S-QUAL）〉
　効率性（efficiency）：簡単に迅速に利用できるか。
　利用可能性（system availability）：いつでも問題なく利用できるか。
　遂行力（fulfillment）：注文から商品入手まで確実に遂行されるか。
　秘匿性（privacy）：個人情報や購買履歴情報などが守られているか。
〈Web サービスのリカバリー時の品質属性（E-RecS-QUAL）〉
　反応性（responsiveness）：早く正しい対応をしてくれるか。
　補償性（compensation）：適切な補償をしてくれるか。
　コンタクト容易性（contact）：生じた問題を伝えられるか。

　Zeithaml et al.（2005）は，言っていることとやっていることが違うように感じられるが，「やっていること」の「やり方」は確証的因子分析を併用して因子構造の確からしさを丁寧に調べる等，SERVQUAL に

対する批判をふまえたより科学的な手続きを採用している。また,「やった結果」も示唆に富んでおり,合計点ではなく因子スコアを用いた重回帰分析から,上述したE-S-QUALの4つの属性は知覚価値にもロイヤルティにも強い正の関係があることが確認されている。そしてZeithaml et al.（2005）は,その後の研究の発展の重要な土台となってきた。

　Zeithaml et al.（2005）では直接的な比較はなされていないが,現時点ではやはり,Webサービスにおいてもサービス品質の測定方法はSERVPERFの実績基準モデルの方が望ましいのであろう。ただし,Zeithaml et al.（2005）が頑なに主張するように,概念的にはサービス品質はギャップモデルによって測るべきであり,ただ現時点でその測定が困難なだけであるという可能性も否定できない。今後のサービスサイエンスのさらなる発展が,この問題の明確な答えを導くものと筆者は考えている。

《推奨する自習》

1. SERVQUALの5つの品質属性を参考に,放送大学の教育サービスの品質属性を考えてみよう。そして,それらの品質属性をどのように測ればよいか,考えてみよう。
2. SERVPERFが採用する実績基準モデルによって,放送大学の教育サービスの品質を主観的に評価してみよう。そして,放送大学がより高い品質の教育サービスを行うために重要な施策と,その費用対効果を考えてみよう。

68

3. あなたが働く企業・団体や店舗・事業所などについて，重要な品質
   属性と実績基準モデルによる測り方を考えてみよう。そして，将来あ
   るべき品質管理の仕組みと仕掛けを考えてみよう。

参考文献

Anderson, E. W., Fornell, C. and Lehmann, D. R. (1994). Customer satisfaction, market share, and profitability: Findings from Sweden. Journal of marketing, 58(3), 53-66.

Carrillat, F. A., Jaramillo, F. and Mulki, J. P. (2007). The validity of the SERVQUAL and SERVPERF scales: A meta-analytic view of 17 years of research across five continents. International journal of service industry management, 18(5), 472-490.

Cronin, J. J. Jr. and Taylor, S. A. (1992). Measuring service quality: A reexamination and extension. Journal of marketing, 56, 55-68.

Cronin, J. J. Jr. and Taylor, S. A. (1994). SERVPERF versus SERVQUAL: Reconciling performance-based and perception-minus-expectations measurement of service quality. Journal of marketing, 58, 125-131.

Darby, M. R. and Karni, E. (1973). Free competition and the optimal amount of fraud. Journal of law and economics, 16, 67-88.

Emons, W. (1997). Credence goods and fraudulent experts. RAND journal of economics, 28(1), 107-119.

Fornell, C. (1992). A national customer satisfaction barometer: The swedish experience. Journal of marketing, 56(1), 6-21.

Fornell, C., Johnson, M. D., Anderson, E. W., Cha, J. and Bryant, B. E. (1996). The American Customer Satisfaction Index: Nature, purpose, and findings. Journal of marketing, 60(4), 7-18.

Grönroos, C. (1978). A service-oriented approach to marketing of services. European journal of marketing, 12(8), 588-601.

Grönroos, C. (1982). Strategic management and marketing in the service sector. Helsingfors: Swedish school of economics and business administrations.

Grönroos, C. (1984). A service quality model and its marketing implications. European journal of marketing, 18(4), 36–44.

Jain, S. K. and Gupta, G. (2004). Measuring service quality: Servqual vs. Servperf scales. Vikalpa: The journal for decision makers, 29(2), 25–38.

Nelson, P. (1970). Information and consumer behavior. Journal of political economy, 78(2), 311–329.

Oliver, R. L. (1980). A cognitive model of the antecedents and consequences of satisfaction decisions. Journal or marketing research, 17(4), 460–469.

Parasuraman, A., Zeithaml, V. A. and Berry, L. L. (1985). A conceptual model of service quality and its implications for future research. Journal of marketing, 48, 41–50.

Parasuraman, A., Zeithaml, V. A. and Berry, L. L. (1988). SERVQUAL: A multiple-item scale for measuring consumer perceptions of service quality. Journal of retailing, 64(1), 12–37.

Rodrigues, L. L. R., Barkur, G.,Varambally, K. V. M. and Motlagh, F. G. (2011). Comparison of SERVQUAL and SERVPERF metrics: An empirical study. The TQM journal, 23(6), 629–643.

Stigler, G. (1961). The economics of information. Journal of political economy, 69(3), 213–225.

Stigler, G. (1962). Information in the labor market. Journal of political economy, 70(sup.), 94–105.

Wolinsky, A. (1995). Competition in markets for credence goods. Journal of institutional and theoretical economics, 151, 117–131.

Zeithaml, V. A. (1981). How consumer evaluation processes differ between goods and services, in Donnely, J. H. and George, W. R. (Eds.), Marketing of Services, American Marketing Association.

Zeithaml, V. A., Parasuraman, A. and Malhotra, A. (2005). E-S-Qual: A multiple-item scale for assessing electronic service quality. Journal of service research, 7(10), 1–21.

Zeithaml, V. A., Bitner, M. J. and Gremler, D. D. (2017). Service marketing: Integrating customer focus across the firm. 5th eds, McGraw-Hill.

山本昭二（1995）．サービス品質概念と品質評価尺度の開発― SERVQUAL の開発とその後―．消費者行動研究，3(1), 41-58.

山本昭二（1999）．サービス・クオリティ―サービス品質の評価過程―，千倉書房．

推奨する関連文献

Liao, H., Toya, K., Lepak, D. P., and Hong, Y. (2009). Do they see eye to eye? Management and employee perspectives of high-performance work systems and influence processes on service quality. Journal of applied psychology, 94(2), 371-391.

小野讓司，小川孔輔，森川秀樹（2021）．サービスエクセレンス：CSI 診断による顧客経験［CX］の可視化，生産性出版．

鈴木秀男（2011）．サービス品質の構造を探る―プロ野球の事例から学ぶ，日本規格協会．

長島直樹，西尾チヅル（2013）．サービス・プロセスの各段階と結果の評価が顧客満足に及ぼす影響：プロスペクト理論をベンチマークとした実証分析．流通研究，16(1), 35-59.

南知恵子（2012）．サービス品質と顧客満足．流通研究，14(2_3), 1-15.

5 | サービスの原価計算：活動基準原価計算の応用

岡田幸彦

《目標＆ポイント》　本章では，サービスのコストについての伝統的な議論，そして1990年代初頭から発展した，サービス分野に広く活動基準原価計算（ABC）を応用する展開と，そこでの知見を理解することを目指す。加えて，2000年代中頃に提案されたtime-driven ABCのサービス分野における意義も理解する。

《キーワード》　原価，収益性分析，価格決定，ABC，time-driven ABC

1.　伝統的なサービス分野のコストの取り扱い

（1）伝統的な商業簿記と原価

　我が国では，日商簿記検定などの検定試験において，商業簿記が重視されてきた。また，英語圏の入門的な教科書（Miller-Nobles et al. 2017ほか）においても，商業簿記が重視されている。原始的な商業では，まず，貸借対照表上の資産である現金を「支出」し，同じく資産である商品を手に入れる。その商品が売れた場合，その商品の仕入単価を「原価」とし，資産を減らすとともに，その事業年度の損益計算書の売上原価として「費用」計上する。

　ここで登場した「支出」，「原価」，「費用」という概念区分は，サービスサイエンスにまつわる会計上の必須の知識である。支出は，サービス事業者から外部への現金等の流出であり，単に「お金が出て行った」という意味でしかない。ここで商業を含む典型的なサービスでは，商品と

してのモノの仕入単価を売価と対比した原価とみなし，その支出額を原価の価額とするのが一般的となってきた。そしてその原価額は，その事業年度の売上を累積した収益と対応づけられ，その期間の費用の1つである「売上原価」として損益計算書上で集計・表示される。この考え方に従った我が国における個人事業主の典型的な損益計算書の例は，以下のとおりである。

岡田商店　2025年12月期損益計算書（単位：円）

売上高	12,000,000
売上原価	△4,000,000
売上総利益	8,000,000
販売費および一般管理費	△7,000,000
営業利益	1,000,000
営業外収益	0
営業外費用	△100,000
経常利益	900,000
特別利益	0
特別損失	0
税引前当期純利益	900,000
法人税等	200,000
税引後当期純利益	700,000

　ここで，第2章から第4章で取り上げてきた伝統的なサービスサイエンスの議論を思い出してほしい。分子モデルの観点からすると，あるプロダクトは有形要素と無形要素の束であり，それらに価格がつく。有形要素には所有権の移転を伴う商品だけでなく，支出して獲得した所有権

の移転を伴わない備品，設備，施設，さらには人的要素も含まれる。加えて，接客や包装といった無形の行為や活動も含まれる。サービスブループリンティングの観点からすると，こうした行為や活動は連鎖的になされ，顧客とともに価値が共創されていく。そして，これらの実績からサービス品質が評価され，顧客満足が生み出され，顧客ロイヤルティが形成されていく。

　対して，上に例示した典型的な損益計算書では，所有権の移転を伴う商品は「売上原価」として集計・表示されるものの，サービス提供にかかるそれ以外の有形要素，そして各種の行為や活動を含む無形要素にかかる支出は，売価と対応した原価ではなく，その期間に発生した費用として「販売費および一般管理費」に集約されてしまう。例えば，従業員の人件費，水道光熱費，設備や施設の賃借料や減価償却費などは「販売費および一般管理費」に集計・表示される。つまり，顧客に対する1回のサービスにかかる「真の原価」が，典型的なサービス事業者の損益計算書からは全く見えないのである。それゆえに，サービスの利益管理は，このままだと困難を極めてしまう。

　この問題に対し，Knoeppel（1933, 1937）が利益工学として提唱したCVP（Cost-Volume-Profit）関係を作り込むアプローチ[1]が，サービス分野においても適切であると長らく考えられてきた。そして，サービス分野における「販売費および一般管理費」についての個別具体的な管理も，営業費計算の考え方[2]に従って行うことが適切であると考えられてきた。

　ここで，Knoeppel（1933, 1937）を1つの重要な起点として発展したCVP分析の，サービス事業者を想定した最も原始的で簡便な利用法を取り上げよう。上述した損益計算書に際し，「売上原価」を変動費，「販売費および一般管理費」を固定費とみなす。この時，売上高，コス

---

[1]　CVP分析と，その同時期に提唱された直接原価計算との関係については，高橋（2008, 2017）を参照されたい。

[2]　営業費計算の歴史と詳細については，松本（1959）を参照されたい。

ト（変動費，固定費，総コスト），営業量，期間損益の関係は，以下の
図 5-1 で表すことができる。なお，この図でいう「売上高＝総コスト」
および「損益＝0」の営業量は，損益分岐点と呼ばれる。

　損益計算書をベースとする CVP 分析の簡便な応用は，現代のサービ
ス経営においても国内外でよく見られる，広く知られた実務となってい
る。この利益工学的アプローチは，所有権の移転を伴う有形要素が金額
的に重要であり，かつ，標準化された画一的なサービスに対しては，今
後も大いに有用となろう。しかしながら，所有権の移転を伴う有形要素
が周辺的であり，その他の有形要素や無形要素が金額的にもプロダクト
構成的にも重要な場合には，注意を要する。分子モデルやサービスブ
ルー プリンティングのようにデザインされたオペレーションの実態と，
損益計算書上の集計・表示との間に，埋めがたい大きな乖離が生じてし

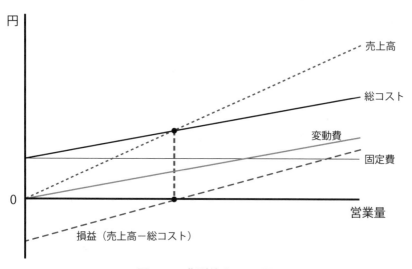

図5-1　典型的な CVP 図

まうのである。

（2）ABC 登場以前のサービス原価計算の状況

　このオペレーションと損益計算書との乖離の問題に対し，会計学では，原価計算研究を発展させることで対応しようとしてきた。岡田（2008）によると，その歴史は 1980 年代後半の ABC（Activity-Based Costing；活動基準原価計算）の登場によって花開いた。岡田（2008）は，ABC 登場以前のサービス組織の原価計算研究の代表的なものとして，McDonald and Stromberger（1969），Anthony and Welsch（1977），Dearden（1978）をあげている。

　McDonald and Stromberger（1969）は，会計事務所，広告代理店，コンサルティングファーム，弁護士事務所，設計事務所といった専門サービス分野の組織においてあるべき原価計算を論じている。これらの専門サービスは，所有権の移転を伴う有形要素が周辺的であり，その他の有形要素や無形要素が金額的にもプロダクト構成的にも重要な場合の典型例と言えよう。ここで McDonald and Stromberger（1969）は，専門サービス組織の原価計算の目的を，顧客別収益性分析を中心とした多目的な原価情報の利用とする。そして，顧客に対する直接費・間接費分類に注目した顧客別全部原価計算モデルを提案している。岡田（2008）によると，彼らが提案したモデルは，伝統的製品原価計算[3]の部門別計算を省略した非常にシンプルなものであった。

　製造業を想定した伝統的な全部原価計算では，ある製品の生産に際し，その製品の生産のためだけに発生した費用を直接費，複数の製品にまたがって発生した費用を間接費とする。そして，製造直接費（直接材料費，直接労務費，直接経費の価額）と製造間接費配賦額（間接材料費，間接労務費，間接経費のうち，何かしらの基準でその製品の生産の

3　伝統的製品原価計算については，岡本（2000）や廣本・挽（2015）を参照されたい。

ためにかかった費用とみなして配分された価額）の全体額を製品原価とする[4]。この製造間接費の配賦は，「費目別計算⇒部門別計算⇒製品別計算」という2段階の集計を経て計算されるのが一般的であり，我が国の『原価計算基準』もこの一連の手続きを採用している[5]。

　つまり，McDonald and Stromberger（1969）は，「費目別計算⇒顧客別計算」という非常に単純な原価計算プロセスを想定し，顧客別に直接費と間接費配賦額を集計し，顧客別収益性分析などに用いるアプローチを提案しているのである。一方で Anthony and Welsch（1977）は，この時期の原価計算論の専門書としては珍しく，小売業とサービス業における原価計算のあり方を取り上げている。そして，小売業は主として販売部門の収益性分析のために，サービス業は主として価格決定や経営管理のために，原価計算が必要であるとする。ここで Anthony and Welsch（1977）は，「費目別計算⇒部門別計算⇒製品別計算」という製造業の全部原価計算モデルを基本的に想定し，原価計算目的や業種に応じて柔軟にカスタマイズして応用する立場がとられている（岡田2008）。

　対して Dearden（1978）は，サービス組織一般にあるべき原価計算について論ずる挑戦的な論文である（岡田2008）。彼はサービス別・事業別の収益性分析がサービス組織における唯一の原価計算目的であると主張する。そしてその原価・利益情報が，問題診断，計画支援，トレンド分析，価格決定支援に資する姿を想定する。これを実現するために，

[4]　一方，変動費のみや直接費のみを製品原価とする考え方を部分原価計算と呼ぶ。前者は変動原価計算とも呼ばれ，スループット会計がその代表例である（Datar and Rajan 2017）。後者は直接原価計算と呼ばれるが，前者と後者を総称して直接原価計算と呼ぶ場合もある。
[5]　我が国における原価計算の導入と発展の詳細は，山本編著（2010）を参照されたい。

Dearden（1978）は，直接費[6]のみを個別プロダクト要素に集計するモデルを提案している。そこではプロダクト階層が識別され，下位の要素（例えば，接客やハンバーガー）の個別収益と直接費が，上位の要素（例えばファストフード事業）の個別収益と直接費に順次集計されていく。つまり，同時期に提唱された Shostack（1977）の分子モデルと非常に親和性が高い，直接費に特化した「費目別計算⇒下位要素計算⇒上位要素計算」という階層集計モデルとなっているのである。

　岡田（2008）によると，これら3つの研究に代表されるように，1980年代までのサービス組織の原価計算研究は，散発的かつ個別断片的なものであった。特に，部門別計算と配賦計算の取り扱いについては，論者ごとに見解が大きく異なっていた。そのため，知の体系は形成されず，通説的見解も存在しない状態であった。

2.　サービスの原価計算／原価管理の発展

（1）サービスの ABC，そして ABM へ

　ABC は，製造業の間接費領域を想定して提案された原価計算モデルである[7]。そして，サービスサイエンスとの関連で重要なのは，伝統的な製品原価計算が「費目別計算⇒部門別計算⇒製品別計算」というプロセスを想定していたのに対し，ABC は「費目別計算⇒活動別計算⇒製品別計算」というプロセスを想定し，ある製品の生産のために直接的・間接的に必要とされた活動の量に応じて製造間接費を配賦する点である。この活動指向の新たな製品原価計算手法は，想定外にも，サービス分野で大いに活用されることとなった。岡田（2008）は，その火付け役となったのが Rotch（1990）であるとする。

　岡田（2008）によると，Rotch（1990）は，サービス組織一般への

6　正確に言うと，Dearden（1978）は個別費（unique cost）と呼んでいる。しかし，彼の個別費は直接費と基本的に相違ないと考えられるため，本章では直接費としている。
7　ABC の歴史と技術的な詳細は，片岡（2011）を参照されたい。

ABCの適用可能性を議論する恐らく最初の学術論文であった。ABCは「費目別計算⇒活動別計算⇒製品別計算」というプロセスを想定するが，Rotch（1990）は，サービス分野でABCを応用する際の以下の3点の課題を指摘する。

・製品別計算に相当するサービス別計算について，サービスはアウトプットを定義することが困難な場合がある
・サービス要求に対応した活動を予測することが困難な場合がある
・多くの費目が間接費であり，それらを活動に結びつけることが困難な場合がある

　ここでRotch（1990）は，第2章で取り上げたサービスマーケティングの研究の発展をふまえ，「サービスベネフィットの束」（Sasser et al. 1978）という考え方を採用し，活動がベネフィットを生み出すという観点でこれらの課題の克服を企図する。加えて，ビジネススクール用ケースで扱われたサービス組織のABC的な原価計算実務を根拠に，サービス組織においてもABCは大いに応用可能であるとする。
　Rotch（1990）に続き，ABCを提唱したハーバード・ビジネススクールのKaplanとCooperも，サービス組織におけるABCの適用可能性を議論するようになる。Cooper and Kaplan（1991）では，Rotch（1990）と同じく，ビジネススクール用ケースで扱われたサービス組織のABC的な原価計算実務を根拠とする正当化が行われている。そして彼らは，サービス別・事業別・顧客別収益性分析と部門別業績測定のために原価情報を提供するシステムとして，サービス組織のABCを位置づけている。
　岡田（2008）によると，Rotch（1990）やCooper and Kaplan（1991）

のように学者が中心となって注目されるようになったサービス組織の
ABC は，コンサルタントたちによってさらなる発展を見せるようにな
る。ABC 研究の焦点が ABC によるコスト情報を用いた経営管理の方
法論である ABM（Activity-Based Management）へと移っていく中
で，サービス組織の原価計算研究も ABM へと向かうのである。

　コンサルタントの Antos（1992）は，おそらく自身が関与もしくはイ
ンタビューした8つの事例を紹介し，サービス組織に広く ABM が有用
であると主張する。そして，製造業の ABC 研究に当初から積極的に関
与してきたコンサルタントの Brimson は，Antos と協業し，サービス
組織の ABM について集中的に取り上げ体系化を試みる専門書（Brimson
and Antos 1994）を公刊するに至る。岡田（2008）によると，彼らの議
論で特徴的なのは，サービス組織の ABM の中核にあるサービスや顧客
のために必要となった活動明細書（bill of activities）を位置づけている
点である。ある顧客に対する銀行ローン1件の活動明細書の例は，**表
5-1** のとおりである。

　表5-1 のように，活動明細書には，ある顧客に対する1件のローン
審査について必要とされたそれぞれの活動量と活動原価が記録され，総
原価が集計される。この活動明細書を基礎として，インプットとしての
資源レベル（費目別計算），プロセスとしての活動レベル（活動別計算），
アウトプットとしてのプロダクトレベル（顧客別計算）のそれぞれで，
財務面から経営管理を行う姿が想定されているのである。ここで彼ら
は，「サービス原価を集計するためにサービスオペレーションの活動を
決定する際の情報源は，サービスデザインのプロセスにある。サービス
デザインは，サービスが提供される方法を決定する。」(238) と論じ，
サービス開発段階における設計情報にもとづいた活動明細書における活
動設定を提案している。

表5-1　活動明細書の例

アクティビティ	アクティビティ量測定尺度	アクティビティ量	アクティビティ単位原価	ローン5,000件に対するライフサイクル・コスト	アクティビティ原価	合計
ライフサイクル・コストローンのデザイン	デザイン	1	5,000	5,000	1.00($5,000/5,000件)	
手続きのデザイン	手続き	5	200	1,000	0.20($1,000/5,000件)	
備品の取得	備品	1	50	50	0.01($50/5,000件)	
小　計						1.21
申し込みの受付	申込書	1	150		150.00	
与信	報告書総数	3	30		90.00	
書類審査	審査	1	70		70.00	
ローン審査委員会による審査	申請書	1	200		200.00	
ローン資料の作成	ページ	30	5		150.00	
貸付	貸付	1	100		100.00	760.00
総オペレーション原価						$761.21
総報告書原価						$150.00
ライフサイクル・オペレーション・原価報告の総原価						$911.21

出所：Brimson and Antos（1994）239

　なお，サービスデザインを重視する Brimson and Antos（1994）が出版された直後，第3章で取り上げたサービスブループリンティングの議論（Kingman-Brundage 1995）において，サービスブループリンティングと ABC の併用可能性が言及されるようになる。この併用アプローチの有用性はドイツ語圏（Corsten 2001 ほか）でも指摘され，「サービス一般に適用可能な原価計算・原価管理は ABC/ABM であり[8]，サービスブループリンティングとの併用が推奨される」という命

---

[8]　原価計算研究では，当初から注目されていた金融機関だけでなく，電信電話，医療，郵便，政府組織といった幅広いサービス組織でABCが導入されていった事実を確認することができる。こうした歴史的展開の詳細は岡田（2006）を参照されたい。

題が登場するに至ったと言ってよい。そして，サービスマーケティング
やサービスマネジメントの専門書（Lovelock and Wirtz 2004 ほか）に
おいて，ABC/ABM が取り上げられるようになっていく。

（2）time‐driven の原価管理へ

　サービス分野へ ABC/ABM を応用する流れは世界的に進む。その中
で，ABC/ABM の応用にかかる諸課題も明らかになっていく。最も大
きな課題として知られているのは，ABC の更新コストの問題である。
これまで取り上げてきたように，サービス分野の原価計算には，部門
別，事業別，サービス別，顧客別など多様な対象に対する収益性分析を
中核とした多目的な集計が求められそうである。この「費目別計算⇒活
動別計算⇒多目的計算」とでも表現すべきプロセスに際し，その計算過
程の複雑さから，サービスオペレーションの変化に合わせた柔軟なプロ
セスの更新が困難になるのである。

　筆者の現地調査によると，この問題は我が国においてもしばしば観察
される。例えば，ある地域金融機関では，安価な ABC ソフトウェアを
用いてはいるものの，その計算プロセスとして 4,000 もの活動を識別し
ていた。そして，各種費目と活動との関係性，さらには活動と顧客別・
サービス別の関係性を詳細に規定しなければならなかった。この「費目
別計算⇒活動別計算⇒多目的計算」の複雑なプロセスを，時を経て実態
に合わせて更新することがコスト的に難しく，実態と計算過程との間の
大きな乖離が生じ，これによる原価の歪みの問題が顕在化していた。

　主としてこの更新コストの問題を解決し，簡便法的であるが柔軟に実
態に合わせて原価情報を提供する新たなアプローチとして提案されたの
が，time‐driven ABC（Kaplan and Anderson 2004）である。この
time‐driven ABC の「time‐driven」の重要性は，実は，サービスマー

ケティング分野で 1980 年代前半に提案されていた。サービスブループ
リンティングを提唱した Shostack（1981）は，下の**表5-2**の収益性分
析を含んでいる。

　表5-2でいう費用は，いわゆる「費目別計算」である。そして，「活
動別計算」を介さず，ブループリントでデザインされた1回のサービス
の原価と利益を試算している。靴磨きサービスは，何分かかろうとも，
価格は 50 セントである。対して，1回のサービスにかかる原価は，時
間に比例的に発生するものが多い。**表5-2**では，靴磨きサービスの人
件費のうちこの1回のサービスにかかる原価が，時間に比例して毎分9
セントで発生すると考えられている。加えて**表5-2**では，人件費の原
価分だけでなく，靴墨の原価分やその他の原価分も，おおむね時間に比
例して増加するとみなす立場がとられている。そして，ブループリント
で描かれた1回のサービスを2分で完遂すれば 20 セントの利益が，4

表5-2　靴磨きのブループリントの収益性分析

	2分	3分	4分
価格	50 セント	50 セント	50 セント
費用			
1）9セント／分	18セント	27セント	36セント
2）靴墨	5セント	5-7セント	5-7セント
3）その他 （ブラシ、布などの償却額）	7セント	7-8セント	7-8セント
総費用	10セント	39-42セント	48-51セント
税引前利益	20セント	8-11セント	2-(1)セント

出所：Shostack（1981）226

分かってしまうと1セントの赤字にさえなりうる，といった時間を営業量とする損益分岐点と損益変動が試算される。

　1回のサービスに対し，時間の観点から損益分岐点を試算するアプローチは，本章の前半で取り上げた伝統的な CVP 分析の考え方を革新する視点であると筆者は考えている。伝統的な CVP 分析では，営業量1単位あたりの売上や各種コストは，ばらつきがないことが仮定されていた。一方で，Shostack（1981）の収益性分析の考え方では，営業量1単位当たりの各種コストは時間に応じてばらつくのである。そして，このばらつきをいかにうまく管理するかが，財務的には重要となるのである。

　このようなアプローチの経営管理を目指す際，個別の活動を識別し，それを介して1回のサービス原価を集計することは，必ずしも必要とはならない。Shostack（1981）の収益性分析に典型的に見られるように，「費目別計算⇒多目的計算」という McDonald and Stromberger（1969）と同様の単純なプロセスを想定し，この「⇒」の部分，つまり各費目の金額を顧客別やサービス別などに配賦する際に，その基準として時間の関数で表現された活動量（活動ごとの時間単価×活動時間）を用いるだけで十分な場合があるのである。

　伝統的な ABC のように定義された活動を介さず，「費目別計算⇒多目的計算」を時間基準の活動量によって行う time-driven ABC では，この時間基準の関係性が最も重要な原価計算上の基盤となり，時間方程式と呼ばれる（Kaplan and Anderson 2007）。そして，例えば時給 1,000円の従業員がある顧客のサービス対応に 30 分かかった場合，その顧客の原価分は 500 円だと考えるのである。また，この1時間に他の顧客が来ず，その他の仕事も無かった場合，残りの 30 分の 500 円が未利用であったと考える。無駄の可能性があるこの未利用資源の金額的な識別

は，ABC/ABM において最も重要な管理要素の1つとされ，未利用キャパシティ原価と呼ばれてきた。

　1回のサービス原価や顧客原価だけでなく未利用キャパシティ原価をも時間基準で識別し，それらの善し悪しを議論し，未来のよりよいサービス経営に結びつける方法論は，サービス分野で広く推奨される費用対効果の高いアプローチであると言えよう。そこでは，期間損益に注目した伝統的な CVP 分析も，大いに活用できる。サービスの利益工学の基礎は，これらの併用アプローチにあると筆者は考えている。

《推奨する自習》

1．ABC の考え方を参考に，放送大学の教育サービスに関する主要な活動を考えてみよう。そして，それらの活動にかかるコストをどのように測ればよいか，考えてみよう。
2．あなたの時給を試算してみよう。そして，time-driven ABC の考え方を参考に，あなたの仕事の典型的な1時間を想定して「誰に」もしくは「何に」どのくらいのコストをかけているかを考えてみよう。
3．あなたが働く企業・団体や店舗・事業所などについて，顧客別やサービス別などの原価計算がどのようになされているか調べてみよう。そして，将来あるべき原価計算のプロセスを考えてみよう。

参考文献 |

Anthony, R. N. and Welsch, G. A. (1977). Fundamentals of management accounting, 2nd ed., Richard D. Irwin.

Antos, J. (1992). Activity-Based Management for service, not for profit and governmental organizations. Journal of cost management, 6, 13-23.

Brimson, J. A. and Antos, J. (1994). Activity-Based Management for service industries and nonprofit organizations, John Wiley & Sons.

Cooper, R. and Kaplan, R. S. (1991). The design of cost management systems: Text, case, and readings, Prentice Hall.

Corsten, H. (2001). Dienstleistungsmanagement, 4. Auf., R. Oldenbourg Verlag.

Datar, S. M. and Rajan, M. V. (2017). Horngren's cost accounting: A managerial emphasis, 16th ed., Pearson.

Dearden, J. (1978). Cost accounting comes to service industries. Harvard business review, 56, 66-76.

Kaplan, R. S. and Anderson, S. R. (2004). Time-driven Activity-Based Costing. Harvard business review, 82, 131-138.

Kaplan, R. S. and Anderson, S. R. (2007). Time-Driven Activity-Based Costing: A simpler and more powerful path to higher profits, Harvard Business Review Press.

Kingman-Brundage, J. (1995). Service mapping: Back to basics, in Glynn, W. J. and Barnes, J. G. (Eds.), Understanding Service Management, Oak Tree Press.

Knoeppel, C. E. (1933). Profit engineering: Applied economics in making business profitable, McGraw-Hill.

Knoeppel, C. E. (1937). Managing for profit: Working methods for profit planning and control, McGraw-Hill.

Lovelock, C. H. and Wirtz, J. (2004). Service marketing: Managing people, technology, strategy, 5th ed., Prentice Hall.

McDonald, H. E. and Stromberger, T. L. (1969). Cost control for the professional service firms. Harvard business review, 47, 109-121.

Miller-Nobles, T. L., Mattison, B. L. and Matsumura, E. M. (2017). Horngren's accounting: The financial chapters, 12th ed, Pearson.

Rotch, W. (1990). Activity-Based Costing in service industries. Journal of cost management, 4, 4-14.

Shostack, G. L. (1977). Breaking free from product marketing. Journal of marketing, 41(2), 73-80.

Shostack, G. L. (1981). How to design a service, in Donnely, J. H. and George, W. R. (Eds.), Marketing of Services, American Marketing Association.

岡本清（2000）．原価計算，六訂版，国元書房．

岡田幸彦（2006）．サービス組織の原価管理論，一橋大学大学院商学研究科博士論文．

岡田幸彦（2008）．サービス組織の原価計算研究の史的展開―活動基準原価計算の受容と展開を中心に―．會計，174(1)，101-116．

片岡洋人（2011）．製品原価計算論，森山書店．

高橋賢（2008）．直接原価計算論発達史―米国における史的展開と現代的意義，中央経済社．

高橋賢（2017）．中小企業への直接原価計算の導入―大綱的投資回収計画―．中小企業会計研究，3, 50-58．

廣本敏郎，挽文子（2015）．原価計算論，第3版，中央経済社．

松本雅男（1959）．営業費計算，国元書房．

山本浩二編著（2010）．原価計算の導入と発展，森山書店．

推奨する関連文献

岡田幸彦（2010）．サービス原価企画への役割期待―わが国サービス分野のための研究教育に求められる新たな知の体系の構築に向けて―．會計，177(1)，63-78．

岡田幸彦，堀智博（2014）．サービス原価企画の実態分析．會計，185(6)，82-94．

岡田幸彦，生方裕一（2017）．サービス原価企画の実態分析の追試―2016年調査から―．會計，191(6)，67-78．

岡田幸彦，山矢和輝（2019）．サービス原価企画力の源泉と効果に関する実証分析．會計，196(4)，69-83．

尾畑裕（2000）．ドイツ原価理論学説史，中央経済社．

6 | サービス・プロフィットチェーンと顧客関係性の管理

岡田幸彦

《目標＆ポイント》　本章では，1980 年代に提唱された関係性マーケティング
と戦略的サービスビジョンについて理解する。そして，それらの延長線上で
1990 年代に確立したサービス・プロフィットチェーンとロイヤルティ基準管
理について取り上げる。本章により，伝統的な成功するサービス経営の理論
モデルと実践アプローチを身につける。
《キーワード》　関係性マーケティング，戦略的サービスビジョン，サービ
ス・プロフィットチェーン，ロイヤルティ基準管理

1. 1980年代の残された重要な議論

（1）関係性マーケティング

　第 2 章で取り上げた 1981 年会議の後，その後年の会議で，1 つの重
要なパースペクティブが示された。「サービスマーケティングは違う」
（Berry 1980）とサービス研究の独自性・固有性を主張した Berry は，
サービスマーケティングならではのパースペクティブを示す。Berry
（1983）の関係性マーケティング（relationship marketing）である[1]。
　第 2 章で取り上げたように，顧客とサービス組織との関係は単なる
「モノの所有権の移転」のやり取りを越える。顧客接点（service
encounter）での効果的なやり取りが重要となり，顧客は共同生産者と
して生産性の向上に貢献する。そして，第 3 章で取り上げたように，
サービスはプロセスであり，行為の連鎖として捕捉し，価値共創過程を

---

[1]　なお，関係性マーケティングのマーケティング研究としての独自性・固有性に
ついては批判的論争があった。この詳細は，猿渡（2002）を参照されたい。

デザインできる。そこでは、Lovelock 型ブループリントのように、ま
ず顧客の活動がデザインされるべきとされる。さらに、第 4 章で取り上
げたように、顧客接点における実際の体験をもとに、実績基準でサービ
スの品質が評価され、顧客満足が形成される。そして、いかに顧客に高
い期待を持たせるかのマーケティング活動が重要となる。

　実はこれらの第 2 章から第 4 章における伝統的なサービス研究の知見
は、「1 回のサービスをいかにうまく完遂するか」に関心があったと言っ
てよい。対して Berry（1983）は、サービス組織と顧客との良好な長期
継続的関係の重要性を主張する。なぜなら、B2B であれ B2C であれ、
典型的なサービスは 1 回限りの関係ではなく、双方にメリットある長期
継続的な関係を形成することがよく起こるのである。そのため、顧客を
共同生産者として捕捉できるサービスのマーケティングでは、顧客との
良好な長期継続的関係をいかに構築するかが、特に重要な経営課題とな
る[2]。

　特に、顧客との良好な長期継続的関係は、もし万一ある 1 回のサービ
スで失敗したとしてもサービスリカバリーを容易にし（Hart et al. 1990
ほか）、長期的にはサービスの生産性や収益性を高めることに貢献し、
顧客生涯価値（CLV；Customer Lifetime Value）と呼ばれる顧客が
サービス事業者にもたらす収益累計額を高めそうである（Reichheld
and Sasser 1990）。そのため、理論的にも実務的にも CRM（Customer
Relationship Management）は重要な経営要素だとされ、世界中に広く
知れ渡るまで発展してきた。

---

[2]　Berry（1983）が提唱した関係性マーケティングは、その後、マーケティング
研究の中核領域の 1 つとなり、2002 年には専門誌の *Journal of relationship
marketing* が創刊されるまでに至る。この間の歴史については、Berry（2002）を参
照されたい。

（2）戦略的サービスビジョン

　一方，Berry（1983）が公刊された頃から[3]，Harvard Business School の Heskett は，成功するサービス経営の法則を探りはじめた。そして，世界中の優れたサービス事例を参考に，Heskett（1986）は「戦略的サービスビジョン」という枠組みをまとめた。

　第2章で取り上げたように，サービスには IHIP（Intangibility, Heterogeneity, Inseparability and Perishability）の性質があり，既存のマーケティングミックスである4つのP（Product, Price, Place and Promotion）を超え，3つのP（Process, Participants and Physical evidence）を加えた「7つのP」が重要な収益ドライバーとなる。しかしながら，第5章で取り上げたように，利益は収益と費用との差分として決まる。そしてそこでは，原価計算／原価管理や利益工学的アプローチも重要となる。そのため，第3章で取り上げたように，サービス提供システムをデザインし，オペレーションを管理することも，マーケティング活動と同等に重要となる。しかし多くの場合，これらマーケティングとオペレーション管理の両立はなされず，どちらか片方でさえ不十分な事例がしばしば見られる。

　Heskett（1986）は，当時の典型的なサービスにおいて原価管理の最良の方法は既存のサービス提供システムのもと販売量を拡大することだと考えられていることに触れている。この点に注意せねばならないが，そのうえで，サービスのマーケティングとオペレーション管理を両立させ，高い生産性や収益性を実現できる要因を論じている。Heskett（1986）は，理論的・事例的調査の結果，成功するサービスに共通する要素として，ターゲット市場，サービスコンセプト，営業戦略（operating strategy），サービス提供システムという4点を識別する。そして，それら4点が統合的に結びつく「あるべき姿」を目指し，実践

---

[3]　Heskett は筆者に，約3年をかけて Heskett（1986）をまとめたと教えてくれた。そしてその際，同書の邦訳版の冒頭にも書かれているように，日本の成功するサービスに対する敬意を表されていた。

することの重要性を見出し，戦略的サービスビジョンと名付けた。

　Heskett（1986）でいうターゲット市場は「誰に」，サービスコンセプトは「何を」と言い換えることができる。これらは，我が国の典型的な組織構造でいう営業企画部門のような企画系の機能である。一方，営業戦略とサービス提供システムは，「どうやって」と言い換えることができる。これらは，我が国の典型的な組織構造でいうと，前者が営業推進部門，後者が店舗や支店が担当する実行系の機能である。つまり，成功するサービスを確実に実現し続けるために，サービスのマーケティングとオペレーション管理には全体最適思考が重要であり，それらに規律を与え，部分最適に陥らず持続的な統合を志向させ，結果として高い生産性や収益性を維持できる「共通のビジョン」が必要となる。

2. 成功するサービス経営の理論モデル

（1）サービス・プロフィットチェーン

　マーケティングとオペレーション管理を両立させ，高い生産性や収益性を維持することは容易ではない。成功するサービス事業者は，この難題をどのように解決しているのか？　そして，そこでの成功の法則はどのようなものなのか？　上述の関係性マーケティングや戦略的サービスビジョンの議論は，これらの問いに十分に答えられていない。また，第5章までに取り上げてきた伝統的なサービスサイエンスの諸研究も，これらの問いに十分に答えられていない。

　筆者が直接聞いたところ，Heskett は，これらの問いに対する回答に長らく悩んだという。そして，それまでの自身の研究を振り返るだけでなく，さらに理論的・事例的調査を進めたという。それだけでなく，Harvard Business School がなぜ成功し続けているのかさえ考え，第5章で取り上げた ABC の提唱者であり，当時 BSC（Balanced Scorecard）

を生み出そうと産学連携で研究開発していた同僚の Kaplan とも議論したという。

　筆者が聞いたこうした裏話が真実か否かはわからないが，現実に彼がたどり着いたのは，*Harvard Business Review* 誌において BSC を提唱した Kaplan and Norton（1992）の４つの視点（**図6-1**）が財務面・顧客面・オペレーション面だけでなく人材開発を含む「イノベーションと学習」にも注目したのと同様に，従業員を重要な起点とした成功モデルであった。そして，BSC の第二稿として同じく *Harvard Business Review* 誌に Kaplan and Norton（1993）が「Putting the Balanced Scorecard to Work」という論題で公刊されたことをオマージュし，*Harvard Business Review* 誌に「Putting the Service-Profit Chain to Work」という論題の Heskett et al.（1994）を公刊したという。

　これが，サービス・プロフィットチェーン（**図6-2**）の誕生である。そして，サービス・プロフィットチェーンは，以下の７つの命題から構成されている。

　命題1：高い顧客ロイヤルティは，高い収益性と成長をもたらす
　命題2：高い顧客満足は，高い顧客ロイヤルティをもたらす
　命題3：知覚された高いサービス価値は，高い顧客満足をもたらす
　命題4：定着した従業員の高い生産性は，高いサービス価値をもたらす
　命題5：高い従業員満足は，従業員の定着をもたらす
　命題6：高い従業員満足は，高い従業員の生産性をもたらす
　命題7：高い労働環境の質にもとづく内部サービスは，高い従業員満足をもたらす

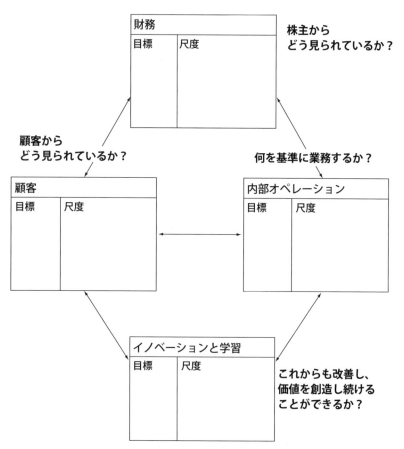

出典：Kaplan and Norton（1992）72

図6-1　BSCの4つの視点

**営業戦略と
サービス提供システム**

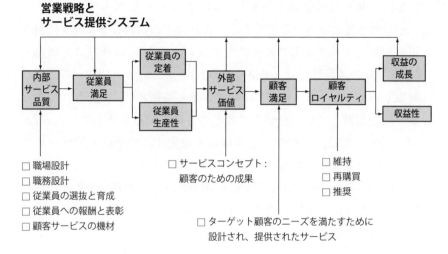

出所：Heskett et al.（1994）

図6-2　サービス・プロフィットチェーン

　これら7つの命題を基礎とするサービス経営の成功モデルは，その後のさらなる理論的・事例的調査研究を経て公刊された専門書，Heskett et al.（1997）としてまとまる。Heskett et al.（1997）で特徴的なのは，以下の4点である。

　第1に，組織外部の位置づけが明確化されたことである。これは上の命題1から命題3にかけての部分であり，顧客のサービス体験にもとづく満足形成，そしてロイヤルティ形成が中核となる。この部分のチェーンがうまくつながると，顧客が再購買して生涯価値が高まるとともに，口コミにより新たな顧客を無償でもたらしてくれる，という財務面で理想的な姿が実現されよう。これらを成功裏に進める基礎として，戦略的サービスビジョンでいう「ターゲット市場」が位置づけられている。

　第2に，サービス価値方程式が提示され，サービス・プロフィットチェーンの基盤となったことである。これは上の命題3と命題4における顧客が知覚するサービス価値に関するものであり，「サービス価値＝（成果＋プロセス品質）／（価格＋獲得費用）」という方程式が考えられている。いわゆる「コスパ」について，多くの顧客はこの方程式にある要素を総合判断して価値評価をするというのである。そして，Heskett et al.（1997）では，このサービス価値を規定するのが戦略的サービスビジョンでいう「サービスコンセプト」であるとする。

　第3に，組織内部の位置づけや要因が再整理された点である。これは上の命題4から命題7にかけての部分であり，Heskett et al.（1994）では直列の因果関係が想定されていた。しかしHeskett et al.（1997）は，これらの関係は必ずしも直列の因果関係というわけではなく，むしろ相関して高めあっていく事例も多いことに気づく。そこでHeskett et al.（1997）では，命題5から命題7までの関係性を輪として循環する双方向関係として修正し，その中心に従業員を置いている。そして，この組織内部のサイクルを規定する基礎として，戦略的サービスビジョンでいう「営業戦略」と「サービス提供システム」を位置づけている。

　最後に最も重要な点は，命題1から命題7への循環である。高い収益性と売上高の成長の帰結としての利益は，ともすると，株主や経営者が全てを奪ってしまう。しかし，成功するサービス経営を観察すると，今の利益をしっかりと次の投資に結びつけているとHeskett et al.（1997）は考える。つまり，成功するサービス経営では，利益のうち十分な額を，従業員の成長や労働環境の質向上などのために配分しているのである。利益を従業員の報酬に還元するのはもちろんのこと，BSCでいう人材面の「学習と成長の視点」のために投資すべきであるというメッセージは，2000年代に入ってBSCから発展した戦略マップの議論を越

えた新規性があり，我が国がスマート・サービスイノベーションを実現する上で最も大切な知見であると筆者は考えている。

　なお，BSC の最初の専門書である Kaplan and Norton（1996b）では，サービス・プロフィットチェーンとの親和性が述べられている[4]。同じく，サービス・プロフィットチェーンの最初の専門書である Heskett et al.（1997）においても，BSC との親和性が述べられている。サービス・プロフィットチェーンと BSC との併用アプローチも，成功するサービス経営のための1つのアプローチとして考えられることも指摘しておく。

（2）ロイヤルティ基準管理とその課題

　上述したサービス・プロフィットチェーンの議論と同時並行的に，その経営管理アプローチとして，ロイヤルティ基準管理の考え方が提唱されたことも忘れてはならない。そして，ロイヤルティ基準管理は，前述した関係性マーケティングの研究の発展の中で登場した Reichheld and Sasser（1990）を起点としている。

　Heskett et al.（1994）のサービス・プロフィットチェーンにも影響を与えた Reichheld and Sasser（1990）は，製造業で発展した品質管理の中で，特にサービス分野における zero defections の役割に注目した。第3章の Shostack 型ブループリントにおいて失敗点がデザイン段階で識別され，サービスリカバリーの方法までデザインされていたように，1回のサービスにおける失敗と顧客の離反は，サービス経営に重大な脆弱性をもたらす。なぜなら，その顧客が生涯にわたってもたらしてくれ

---

[4]　1996年1月に公刊されたKaplan and Norton（1996a）以降，つまりこの論文が執筆された少なくとも1995年には，BSCの4つの視点のうち「イノベーションと学習」は，「学習と成長（learning and growth）」と呼び変えられ，より人材面を強調した内容となっていく。これは，従業員を強調したHeskett et al.（1994）のサービス・プロフィットチェーンの影響を多少なりとも受けた帰結ではないかと筆者は考えている。

たであろう収益累計額を失うことになってしまうのである。

　Reichheld and Sasser（1990）は，満足した忠誠心の高い顧客は，さらに何度も買ってくれることでより大きな利益をもたらすとともに，その後のサービスコストが相対的に低くなり，加えて他者への推奨により新たな利益ももたらしてくれることを強く主張している。そして，サービス分野では顧客を維持し，離反させないために zero defections の文化と管理が特に重要となり，もし万一失敗して顧客が離反した場合にも，離反した顧客の声に耳を傾け，失敗を分析し，サービス改善に活かしていく必要があることを指摘する。

　Berry（1983）に端を発する関係性マーケティングも，Reichheld and Sasser（1990）の zero defections による顧客ロイヤルティの管理も，顧客との関係性のみに注目していた。ここでコンサルタントの Reichheld（1993）は，顧客のみならず多様な利害関係者を考慮したロイヤルティ基準管理（royalty-based management）の考え方を発展させていく。

　その1つの集大成である Reichheld（1996）は，ビジネスにおけるロイヤルティの次元は，少なくとも3つあるとする。Berry（1983）や Reichheld and Sasser（1990）などが注目した「顧客ロイヤルティ」，Heskett et al.（1994）や BSC の議論で取り上げられた「従業員ロイヤルティ」，そして「株主ロイヤルティ」である。Reichheld（1996）が興味深いのは，これら3つのロイヤルティについて「維持率」もしくは「離反率」を業績尺度にすることで，総合的に管理するアプローチを提案している点である。そして，Reichheld（1993）が示した，高い従業員ロイヤルティが高い顧客ロイヤルティをもたらし，高い顧客ロイヤルティが企業価値を高める可能性を基礎として，1つの部門ではなく全社的かつ総合的にロイヤルティ基準管理を行う方法論を説明している。

Reichheld（1993, 1996）もふまえてまとめられた Heskett et al.（1997）のサービス・プロフィットチェーンは，さらに企業価値視点でロイヤルティ基準管理を発展させた Reichheld（2001）もふまえ，バリュー・プロフィットチェーン（Heskett et al. 2003）へと発展する。Heskett et al.（2003）は，Heskett et al.（1997）の上述したサービス価値方程式を「顧客価値方程式」とし，加えて，「従業員価値方程式」，サプライヤーや地域コミュニティなどを想定した「パートナー価値方程式」，「投資家価値方程式」を提示する。そして，これら4つの価値方程式を基礎として，サービス分野だけでなく全産業を包括し，営利だけでなく非営利組織も包括した価値創造のフレームワークの提案に挑戦している。

　しかし，これら一連のロイヤルティ基準管理の延長線上の議論は，顧客生涯価値から発展した顧客エクイティの議論（Blattberg and Deighton 1996, Rust et al. 2000 ほか）も含め，経済的価値が強調されすぎていた点を批判的に指摘せざるを得ない。たしかにサービス事業者は，従業員・パートナー・投資家・顧客のそれぞれと良好な長期的関係を築き，それぞれの忠誠心を高く維持することが経済合理的であろう。しかし，彼／彼女たちは，本当にそれで幸せなのだろうか。たしかに経済的価値は重要であるが，社会的価値や個人の幸福感など，サービスの価値は多面的にあるべきではないだろうか。

　近年，経済的価値だけでなく，人々の well-being の向上に貢献するサービス研究の新たな地平として，Transformative Service Research という分野が提案され（Anderson et al. 2013），社会学的な研究（Ho and Shirahara 2021 ほか）が蓄積されている。サービスを哲学的に再考し，価値共創ならではの社会的意義を追究する研究動向は，今後さらに発展していくこととなろう。

《推奨する自習》

1. 戦略的サービスビジョンの考え方を参考に，現在の放送大学の教育サービスの「ターゲット市場」(誰に)，「サービスコンセプト」(何を)，そして「営業戦略」と「サービス提供システム」（どうやって）を考えてみよう。そして，それらの改善案を考えてみよう。

2. サービス・プロフィットチェーンの考え方を参考に，現在の放送大学の教育サービスが成功の法則にあてはまっているかを考えてみよう。そして，サービス・プロフィットチェーンをより適切に回すために何が必要かを考えてみよう。

3. あなたが働く企業・団体や店舗・事業所などについて，サービス・プロフィットチェーンがうまく回っているかを考えてみよう。そして，サービス・プロフィットチェーンをより適切に回すために，ロイヤルティ基準管理が有効か否かを考えてみよう。

参考文献

Anderson, L., Ostrom, A. L., Corus, C., Fisk, R. P., Gallan, A. S., Giraldo, M., Mende, M., Mulder, M., Rayburn, S. W., Rosenbaum, M. S., Shirahada, K. and Williams, J. D. (2013). Transformative service research: An agenda for the future. Journal of business research, 66(8), 1203-1210.

Berry, L. L. (1980). Services marketing is different. Business, 30, 24-29.

Berry, L. L. (1983). Relationship marketing, in Berry, L. L., Shostack, G. L. and Upah, G. D. (Eds), Emerging Perspectives of Services Marketing, American Marketing Association.

Berry, L. L. (2002). Relationship marketing of services perspectives from 1983 and 2000. Journal of relationship marketing, 1(1), 59-77.

Blattberg, R. C. and Deighton, J. (1996). Manage marketing by the customer equity test. Harvard business review, 74, 136-144.

Hart, C., Heskett, J. L. and Sasser, W. E. (1990). The profitable art of service recovery, Harvard business review, 68, 148-156.

Heskett, J. L. (1986). Managing in the service economy, Harvard Business School Press.（山本昭二訳（1992）．サービス経済化のマネジメント，千倉書房.）

Heskett, J. L., Jones, T. O., Loveman, G. W., Sasser, W. E. and Schlesinger, L. A. (1994), Putting the Service-Profit Chain to work. Harvard business review, 72, 164-174.

Heskett, J. L., Sasser, W. E. and Schlesinger, L. A. (1997). The Service-Profit Chain: How leading companies link profit and growth to loyalty, satisfaction and value, The Free Press.（（島田陽介訳（1998）．カスタマー・ロイヤルティの経営，日本経済新聞社.）

Heskett, J. L., Sasser, W. E. and Schlesinger, L. A. (2003). The Value-Profit Chain: Treat employees like customers and customers like employees, The Free Press.

Ho, B. Q. and Shirahada, K. (2021). Actor transformation in service: a process model for vulnerable consumers. Journal of service theory and practice, 31(4), 534-562.

Kaplan, R. S. and Norton, D. P. (1992). The Balanced Scorecard: Measure that drive performance. Harvard business review, 70, 71-79.

Kaplan, R. S. and Norton, D. P. (1993). Putting the Balanced Scorecard to work. Harvard business review, 71, 134-147.

Kaplan, R. S. and Norton, D. P. (1996a). Using the Balanced Scorecard as a strategic management system. Harvard business review, 74, 75-85.

Kaplan, R. S. and Norton, D. P. (1996b). The Balanced Scorecard: Translating strategy into action, Harvard Business School Press.

Reichheld, F. F. (1993). Loyalty-based management. Harvard business review, 71, 64-73.

Reichheld, F. F. (1996). The loyalty effect: The hidden force behind growth, profits, and lasting value, Harvard Business School Press.（伊藤良二監訳（1998）．顧客ロイヤルティのマネジメント―価値創造の成長サイクルを実現する―，ダイヤモンド社.）

Reichheld, F. F. (2001). Loyalty rules!, Harvard Business School Press.

Reichheld, F. F. and Sasser, W. E. (1990). Zero defections: Quality comes to services. Harvard business review, 68, 105-111.

Rust, R. T., Zeithaml, V. A. and Lemon, K. N. (2000). Driving customer equity: How customer lifetime value is reshaping corporate strategy, The Free Press.（近藤隆雄訳（2001）．カスタマー・エクイティ：ブランド，顧客価値，リテンションを統合する，ダイヤモンド社.）

猿渡敏公（2002）．マーケティング・コンセプト再考．明大商學論叢，84(1)，77-92.

推奨する関連文献

De Matos, C. A., Henrique, J. L. and Rossi, C. A. V. (2007). Service recovery paradox: A meta-analysis. Journal of service research, 10(1), 60-77.

Hennig-Thurau, T., Gwinner, K. P. and Gremler, D. D. (2002). Understanding relationship marketing outcomes: An integration of relational benefits and relationship quality. Journal of service research, 4(3), 230-247.

Van Doorn, J., Lemon, K. N., Mittal, V., Nass, S., Pick, D., Pirner, P. and Verhoef, P. C. (2010). Customer engagement behavior: Theoretical foundations and research directions. Journal of service research, 13, 253-266.

白肌邦夫，ホー バック（2018）．ウェルビーイング志向の価値共創とその分析視点．サービソロジー論文誌，1(1)，1-9.

三浦玉緒（2021）．B2C のサービス化における価値共創と顧客行動意図との因果関係モデル―カーシェアリングサービスによる実証研究―．サービソロジー論文誌，5(3)，13-25.

7 | サービス・ドミナントロジックの登場と価値共創の基礎

原　辰徳

《**目標＆ポイント**》　2000 年代以降に発展したサービス・ドミナントロジックとその中核概念となる価値共創の基礎を取り上げる。"サービス化"への転換そのものではなく，"すべてはサービスである"という見方を学ぶ。そして，その見方において登場する概念と用語の意味，および注意点を理解する。
《**キーワード**》　サービス・ドミナントロジック，価値共創，アクター，使用価値，文脈価値，オペラント資源，サービス・エコシステム

1．S-DロジックとG-Dロジック：世界を眺めるレンズ

　サービス・ドミナントロジック（Service dominant logic, 以下 S-D ロジックと表記）とは，2 人の米国人学者 Robert Lusch と Stephen Vargo が "Evolving to a New Dominant Logic" という題目の論文を 2004 年に発表（Vargo and Lusch 2014a）して以来，グローバルに研究がなされているテーマである。その広範さ故に，S-D ロジックはサービスサイエンスに属するトピックではなく，独立した一分野といった方が適切であろう（第 15 章参照）。S-D ロジックとは，すべての経済・企業活動をサービスとして捉える論理であり，価値は顧客と企業により共創されるという世界観である（藤川 2021）。このことから，"マインドセット"や"レンズ"と呼ばれることが多い。同じ対象を眺めた場合であっても，前提にある論理と世界観が異なれば（異なるマインドセットやレンズを通してみれば），見え方と認識が異なることを教えてくれる。

　S-Dロジックが1枚のレンズだとすると，我々の多くは，別のレンズを通して世界をこれまで捉えていたことになる。それがグッズ・ドミナントロジック（Goods dominant logic，以下G-Dロジックと表記）であり，旧来の物財を中心とした市場交換と4Psマーケティング[1]の土台となる世界観を指す。この世界観での伝統的なサービスマーケティングでは，「モノとサービスを分ける」ことを前提にしてきた（図7-1上）。しかしながら，アウトプットとしてのモノ（有形の製品）とサービス（人的活動などによる無形の製品）を分けるところから出発する以上，それを超える包括した見方にはならない。

　一方，S-Dロジックでは，第1章冒頭で述べた「誰かのために何かをしてあげること」というプロセスをすべてサービスと捉えることから始まる。より具体的には，「何かをしてあげること」を「知識とスキルを適用すること」と読み替える。さらに，サービスは直接的／間接的な形態に分かれる（図7-1下）。直接的なサービスとは，いわば「モノを伴わないサービス」であり，間接的なサービス[2]とは「モノを伴うサービス」である（図7-1中央）。それぞれは，例えば人の手によるマッサージとマッサージ機など，G-Dロジックが対象としてきた無形／有形の製品が持つ能力の適用プロセスに対応する。

　すなわち，同じ"サービス"という用語であるが，(a) S-Dロジックでのサービス（価値創出のプロセス）は (b) 無形の製品と異なる。この違いを明確にするため，S-Dロジックの原著論文では，(a) を単数形（Service, サービス），(b) を複数形（Services, サービシィーズ）と表記する（Vargo and Lusch 2004b）。本章でも同様に表記する[3]。こ

1　Product, Price, Place and Promotionという重要な意思決定変数と，その組み合わせに関するマーケティング。

2　基本的な前提FP2で述べるように，間接的なサービスには，モノの他に貨幣の授受も相当するが，単純化のために省略した。

3　本章以外はこの表記にしたがっていない。8章以降では価値創出行為としての広義のサービスが基本であるが，サービシィーズも一部扱う。

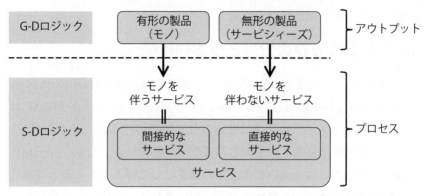

図7-1　S-DロジックとG-Dロジックの関係（"モノ"の観点から）

うして，「モノかサービシィーズか」を超越した展開が可能となる。

2. S-Dロジックの対象者と本章のねらい

　S-Dロジックは，（a）S-Dロジックそのものを深く理解し，発展させようとする人文社会科学系の研究者に限らず，（b）サービス研究を学際的に進めようとする理工系の研究者，さらには（c）価値共創の考えを自身の事業に活かそうとする実務家の間でも広く知られており，大きな影響を与えている。言い換えれば，S-Dロジックへの理解や関わり方はさまざまである。S-Dロジックの提唱後，二十年近くが経過し，（a）の研究者の尽力により，S-Dロジックの背景理論，議論の経緯，最新動向などに日本語でも適宜アクセスできるに至っている（例えば井上・村松（2010），ラッシュ・バーゴ（2016），田口（2017），井上（2021））。本章3節では，田口（2017），井上（2021）でのS-Dロジックの紹介を参考にしながら，S-Dロジックのユーザである（b）と（c）が注意すべき点を交えて概説する。本章4節では，類似の見方と

対比することで，価値共創の理解を深める。

3. S-Dロジックの公理と基本的前提

　S-Dロジックは現在，11の基本的前提（Foundational Premises;
FPs）によって構成されている（**表7-1**）（Lusch and Vargo 2018）。11
のFPのうち中核を成す5つは公理として位置づけられ，その他のFP
はこれらの公理に付随するものとして整理されている。公理（Axiom）
とは，その他の命題を導きだすための前提として導入される最も基本的
な仮定のことであり，論証抜きで真と仮定される。一般に，こうした公
理群から理論が導き出される。2004年の提示以降（Vargo and Lusch
2004a），他の研究者との議論を通じた精緻化が絶えず行われた結果，現
在の構成に至っている。井上（2021）では，VargoとLusch自身によ
る整理を踏まえ，S-Dロジックの進化を以下の3段階に大別している。

- **形成期（2004～2007年）：**（Vargo and Lusch 2004a, 2006）
  伝統的なマーケティングとは異なる視座の提供。S-Dロジック
  の核となる8つのFPが提起され，論議が巻き起こる。結果，
  サービス概念と価値共創が修正・明示され，FP9も追加。
- **改良・洗練期（2008～2011年）：**（Vargo and Lusch 2008）
  実務および他分野の研究世界で知られるようになり，精緻化を通
  じてその内容（FP）に修正が加えられる。FP10も追加。
- **発展期（2012～2017年）：**（Lusch and Vargo 2014, Vargo and Lusch
  2016）
  新しいFP11が導入され，全部で11個のFPになるとともに，5
  つの公理が提唱される。この時期に，S-Dロジックに関連する
  研究報告が指数関数的に増加。

　本書では第1章，第9章，第15章においてサービスサイエンス，サービス工学，サービス学の動向を価値共創と絡めてまとめているが，それらを上記の3段階と対応づけて理解しておくと良いだろう。

　表7-1はLusch and Vargo（2018）で再整理された公理とFPの対応を基にしている。そのため，FPの並びは序数通りでなく，またVargo and Lusch（2016）で示されたものとも異なる点に注意されたい。以降，**表7-1**の構造にしたがって説明する。

表7-1　S-Dロジックの公理と基本的前提（FP）

公理	FP	内容
公理1	FP1	サービスが交換の基本的基盤である。
└	FP5	すべての経済がサービス経済である。
公理2	FP6	価値は受益者を含む複数のアクターによって常に共創される。
└	FP3	グッズはサービス提供のための伝達手段である。
└	FP2	間接的な交換は交換の基本的基盤を見えなくする。
公理3	FP9	すべての社会的アクターと経済的アクターが資源統合者である。
└	FP4	オペラント資源が戦略的便益の基本的源泉である。
公理4	FP10	価値は常に受益者によって独自にかつ現象学的に判断される。
└	FP7	アクターは価値を提供することはできず，価値提案の創造と提示に参加することしかできない。
公理5	FP11	価値共創はアクターが創造した制度と制度配列を通じて調整される。
└	FP8	サービス中心の考え方は，元来，受益者志向的であり，かつ関係的である。

出所：Lusch and Vargo（2018）を基に作成

公理 1／基本的前提 1（FP1）
サービスが交換の基本的基盤である。

　ここでのサービスは単数形であり，S–D ロジックでは「他者あるいは自分の便益のための，行動，プロセス，活動の遂行を通じた専門能力（知識とスキル）の適用」（Vargo and Morgan 2005）を表す。S–D ロジックは，このサービスに基づいて交換の概念を再構築している。つまり，「誰かのために何かをしてあげること」という価値創出の行為を，双方向あるいは相互的なサービス交換として捉える。

　S–D ロジックの初期には，**図 7-2** に示すような，漁師と農家が魚と農作物を交換する事例がよく示されていた。G–D ロジックのレンズを通すと，魚と農作物という有形物のアウトプットが交換されていると見える。一方，S–D ロジックのレンズを通せば，魚と農作物が交換されるのではなく，"魚を獲るスキル"（魚釣りサービス）と "農作物を育て収穫するスキル"（農作物栽培サービス）が交換されている，と捉えられる。いわばスキル適用の物々交換であり，これがサービスの交換である。そして，この公理 1／FP1 から，次の FP5 が演繹される。

- 公理 1 に付随する基本的前提（FP5）
  すべての経済がサービス経済である。

　すべての経済とは，第一次・第二次・第三次産業など，これまで財の違い（農産品，工業製品，無形財）によって呼び分けていた産業分類上の経済のすべてを指す。S–D ロジックの観点でみれば，それぞれの産業が中心であった時代も，さらにはそれ以前から社会はサービス経済である。S–D ロジックの標語は，脱工業社会，経済のサービス化，製造

(a)G-Dロジックでの交換　　　　　　(b)S-Dロジックでの交換

図7-2　交換に対する捉え方の違い

業のサービス化[4]などの文脈でしばしば用いられるが，それらへの変化・転換を強調するものではないことが，このFP5からもわかる。

公理2／基本的前提6（FP6）
価値は受益者を含む複数のアクターによって常に共創される。

　当初，S-Dロジックでは"顧客"の用語が用いられていたが，それに含まれる"消費者"の意味合いを払拭するために，"受益者"という用語に変更された[5]。受益者とは，あるサービス交換において便益を得るアクター（公理3／FP9を参照）の役割であり，他のサービス交換に注目すれば，提供者になり得る。

　次に，"価値"と単に書かれているが，S-Dロジックでは"文脈価値"という特定の意味を示す。G-Dロジックでは，企業のアウトプットに焦点を当てた"交換価値"（Value in exchange）に注目していた。交換価値とは，取引する財（例えば有形の製品）の価格に示されるもので

---

[4]　(a) 提供物をモノとサービシィーズの組み合わせと捉え，サービシィーズ（例えばアフターサービス）の割合を高めようとするG-Dロジックでの方向性と，(b)（モノを介した）使用価値／文脈価値の拡大と共創を図ろうとするS-Dロジックでの方向性，の2つがある（Kowalkowski 2013）。これも混同しやすい。

[5]　正確には，FP8の精緻化の過程において受益者の用語に変更された。

あり，財に価値がすべて埋め込まれている，という認識に基づく。一
方，価値共創の見方では，そうした財の価値は，使用されるまでは何も
創出されず，使用のプロセスと得られた便益の主観的な評価に基づいて
決定される。これは"使用価値"（Value in use）と呼ばれ，S-Dロジッ
クでしばらく用いられてきた用語である。ただし，使用価値は過渡期の
概念であり，"使用"は有形の製品を想起させるということで，2008年
頃から"文脈価値"（Value in context）に置き換えられていった（Vargo
and Akaka 2009, Vargo et al. 2010)。文脈価値はS-Dロジックの重要
な価値概念であり，価値が状況依存的であり個々のアクターによって異
なることを示す他，価値が常に共創されること，および種々の資源の統
合を経て創出されることを示唆している。ただし，文脈の意味が茫洋な
こともあり，S-Dロジックのユーザのレベルでは十分に浸透している
とはいえず，ユーザや文献によって"文脈価値"と"使用価値"の使い
分けと厳密さはまちまちである。

　このFP6が表す"価値共創"の用語の使い方にも，重要な二つの構
成要素が関わる。ひとつは，上記の文脈価値に込められている"価値の
共創"（Co-creation of value）である。もうひとつは，顧客とアウト
プットを共に創ること，あるいは顧客の設計や生産への参画に関する
"共同生産"（Co-production）である[6]（Lusch and Vargo 2006)。現実
世界の企業活動では，後者の共同生産を以て"共創"と呼ぶことも見受
けられるが，それらのすべてが文脈価値の共創まで意図するとは限らな
い点に注意が必要である。

　また，価値共創の用語はポジティブな価値の創出を想起させるが，ネ
ガティブな結果がもたらされることもあり，それは時に区別して価値共
破壊（Value co-destruction）と呼ばれる。

---

[6]　2004年当初のFP6において共同生産者（Co-producer）とされていた顧客は，
G-Dロジックを想起させるとの理由で，2006年に価値共創者（Value co-creator）
に修正された（Vargo and Lusch 2006)。

- 公理 2 に付随する基本的前提（FP3）

  グッズはサービス提供のための伝達手段である。

　図7-1 で示したように，サービスは，直接的に提供される場合もあれば，間接的に提供される場合もある。2004 年の提唱以降，唯一修正が加えられていない FP である。本書の第 8 章で述べる人工物の概念設計に基づいたサービス工学においても，媒介物としての製品の役割（チャネル）とその実質的な働きかけの内容（コンテンツ）の区分に関する前提からはじまっている。吉川（2008）でも同様である。

- 公理 2 に付随する基本的前提（FP2）

  間接的な交換は交換の基本的基盤を見えなくする。

　FP1 にあったようにサービスとサービスの交換が本質であるが，製品と貨幣による間接的な交換によって，それが見えづらくなってしまっている，という内容である。図7-2 でいえば，例えば魚と農作物の市場がそれぞれ介在することで，この傾向はより強くなるであろう。また，組織の大規模化に伴い，組織内のメンバーとのやりとりが多くなると，直接の顧客との関わりが減少する。これも，サービスとサービスの交換が基本的基盤であることを認識しづらくする一因である（Vargo and Lusch 2006）。

公理 3／基本的前提 9（FP9）
すべての社会的アクターと経済的アクターが資源統合者である。

　この公理の内容は，2004 年当初のリストに含まれていなかった。アクターとは，交換の当事者を「わたし作る人，あなた使う人」などと二

元論でラベリングしないための包括的な呼び名である。S-Dロジックでは，すべてのアクターがサービスの提供者であると同時に受益者であり，資源を統合する役割を担っている。サービスの定義にあった「他者あるいは自身の便益のために」が示すように，受益者自身も提供者から受け取った資源と自らの資源とを統合することが想定されており，その結果として文脈価値が表出する。アクターという行動主体の用語は，このFPの2008年の改訂に際して"組織"に代わる表現として導入され，資源統合者は個人であることを示している（Vargo and Lusch 2008）。

　その後，アクターによる資源統合はアクター・トゥ・アクター（A2A）という視点につながり（Vargo and Lusch 2011），S-Dロジックでは，A2Aネットワークの中での相互的な価値創造と，サービスシステムに徐々に焦点が当てられるようになっていった。ここでのサービスシステムは，価値を創造するための資源の組み合わせや構成のことである。

- 公理3に付随する基本的前提（FP4）
  オペラント資源が戦略的便益の基本的源泉である。

　公理3を支えるオペラント資源を規定している。S-Dロジックでは，本章でこれまで"知識やスキル"と表してきたような，効果を生み出すために他の資源に働きかける資源のことを"オペラント資源"（Operant resource）と呼ぶ。これに対して，オペラント資源（を有するアクター）による働きかけの対象資源を"オペランド資源"（Operand resource）と呼んでいる[7]。例えば，自転車（オペランド資源）の使用を通じた価値創出のためには，運転技術（オペラント資源）が必要不可欠である。そして，この運転技術は，文脈に応じて受益者自身が発揮する必要があり，前出の資源統合につながる。

7　ソフトウェア・プログラミングなどでは，演算対象の変数や定数はオペランド（被演算子），四則演算などの演算子はオペレータと呼ばれる。このオペレータや関数がオペラント資源に相当すると捉えればよい。

公理 4／基本的前提 10（FP10）
価値は常に受益者によって独自にかつ現象学的に判断される。

　"現象学的な"（phenomenological）という表現がいわんとしていることは，価値は受益者によって異なり，同じ受益者でもその状況により異なるということである。経験に基づいた知覚の意味合いが含まれ，類似の用語として"経験的"（experiential）を思いつくが，"イベント"の存在を想起させるとして回避されている。一方で，経験的と現象学的の2つの用語は互換的に使用できるとも述べられており（Vargo and Lusch 2008），理解を補うものとして押さえておくのがよいであろう。

- 公理 4 に付随する基本的前提（FP7）
  アクターは価値を提供することはできず，価値提案の創造と提示に参加することしかできない。

　公理 4 と価値共創のプロセスの視点に結びつけられ，企業などのアクターは単独では価値を創造できないことを述べている。交換を行う当事者の一方にできることは，価値提案の創造と提示だけである。価値提案（Value proposition）[8] は S-D ロジックに限らず，一般的なマーケティング用語になってきている。提示された価値提案は，潜在顧客に受け入れられ，使用されたり他の資源と統合されたりする時に初めて，文脈価値の創造につながる。

公理 5／基本的前提 11（FP11）
価値共創はアクターが創造した制度と制度配列を通じて調整される。

　2016 年に追加された公理である（Vargo and Lusch 2016）。S-D ロ

8　馴染みがない場合，提案（proposition）を，pro（前もって）＋ position（顧客の中に位置づける，訴求する）と捉えると理解し易くなる。

ジックでは，提唱当時の主対象である1対1のサービス交換そのものから，A2A ネットワークへと徐々に焦点が移っていた。これにより，システム志向とサービスシステムの概念が明確化され，近年では"サービス・エコシステム"[9] (Lusch and Vargo 2014) によって，より大規模で複雑な価値共創を描き出そうとする取り組みが多くなってきている。

制度（人間によって考案されたルール，規範，信念）と制度配列（相互に関連のある制度の集まり）は，サービス・エコシステムという俯瞰した視座から"交換"を捉えるにあたって導入されたものである。これらの制度や制度配列はアクターによって創造されるとともに，アクターの行動，資源統合，価値評価を調整する。また，サービス・エコシステムは複数の階層からなっており，ミクロ（個人），メゾ（地域など），マクロ（国など）の3つのレベルに類型化される。そして，この見方に基づき，ネットワーク論，システム論，複雑適応系などの関連分野の他，サービスデザインや制度設計に対する接近がなされている。

- 公理5に付随する基本的前提（FP8）
  サービス中心の考え方は，元来，受益者志向的であり，かつ関係的である。

旧来の4Ps マーケティングが生産志向，販売志向，顧客志向へと重点を移行してきたのに対して，S-Dロジックは，当初から顧客との継続的なインタラクションを通じた価値共創に重きを置いている。そのため，サービス中心の考え方であるS-Dロジックには，最初から受益者志向しか存在しない。ただし，それは受益者志向での関係性を規定するような制度の存在が前提にあるため，公理5にFP8が付随している。

---

9 「共通の制度的ロジックとサービス交換を通じた相互的な価値創造によって結びつけられた資源統合アクターから成る相対的に自己完結的で，かつ自己調整的なシステム」と定義される。アクター間の互恵的なつながりを表している。

4. 何を価値共創と捉えるか

　今やS-Dロジックは，サービス経済や価値共創に関する見方，極端にいえばサービスの基礎理論に関する学術ジャンルの代名詞であるが，S-Dロジックがそのすべてではない。学術的にみれば，サービス概念の見直しは北欧学派のマーケティング研究（村松・大薮 2021）（村松2021）により以前から行われており，その視座を基にしたサービスロジック（Service logic, 以下Sロジックと表記）（Grönroos 2006）もある。S-DロジックとSロジックは，名称の他にも類似点が多くある一方で，Grönroos and Gummerus（2014）は相異なる点を指摘している。それによれば，S-Dロジックでは「サービス（の交換）がビジネスの基盤」「顧客は常に価値共創者」であるのに対して，Sロジックでは「価値創造がビジネスの基盤」「顧客は常に価値創造者」「企業（とサービス）は価値を促進する役割」とされる。Sロジックでの価値創造とは，顧客による使用価値の創造である。そして，Sロジックでは，価値共創を提供者と顧客間の相互作用の部分に限定しており，**図7-1**での間接的なサービス提供では価値が共創されるとはみなさない。

　図7-3は，Sロジックで用いられる価値創出の領域図（Grönroos and Voima 2013）を参考に相違点を整理したものである。図左の提供者の領域にはサービスの生産過程があり，ここで価値のつくりこみや準備が行われる（ダイエットを支援するフィットネスクラブを例にすると，施設整備，トレーナー育成，メニューのつくりこみなどに相当）。

　図7-3中央は提供者と顧客間の相互作用の領域であり，**図7-1**での直接的なサービス提供に対応すると捉える。ここでは価値が共創され得るが，Sロジックでは，顧客自身の活動による価値創造（例：運動・食事制限の努力や適切な自己管理など）を主としており，提供者がそのプ

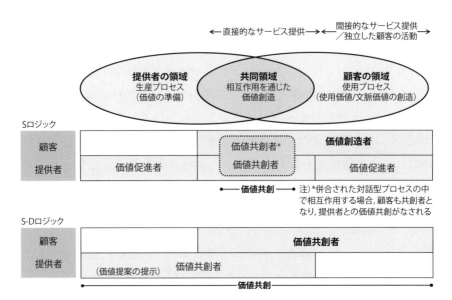

図7-3 SロジックとS-Dロジックにおける価値共創の違い

ロセスに積極的に関与する場合（例：顧客に応じたメニューの調整，個別指導，メンターなど）に共創の側面が付け加えられる。

図7-3右の顧客の領域は，間接的なサービス提供に対応づけられ，提供者から渡された製品や資源を使用して，顧客は使用価値を創造する（例：器具の自宅での使用）。その他，提供者と関係無く，生活の中で工夫したり他のサービスと組み合わせたりする場合も同様である（例：メニュー終了後の継続や余暇活動への取り入れ）。Sロジックでは，これらは顧客による"独立した価値創造"であり，価値共創ではない。

一方，S-Dロジックはすべてを価値共創のプロセスと捉えるが，実務や研究の目的によっては，価値共創の範囲を明確にしたSロジックの方が考えの整理に適している場合がある。また，これら2つの主張の

違いを把握しておくことが，価値共創のより良い理解につながる。

5.　S-Dロジックの理論化に向けて

　S-Dロジックの公理と基本的前提は，理論ではなく，価値が創造されるプロセスを説明する土台であった。一方で，（Vargo and Lusch 2016）では，公理1から公理5の概念を基にしたS-Dロジックのコアとなる価値共創のプロセスが初めて提示された。これは，理論モデルの構築に向けた解釈の枠組みであり，"S-Dロジックのナラティヴ"と呼ばれる。詳細は井上（2021）などに譲るが，S-Dロジックの現在のキーワードである[10]。

《推奨する自習》

1．本章では企業事例は紹介しなかった。参考文献にある藤川（2021）などを読み，さまざまな事例について学習を進めよう。

参考文献

Kowalkowski, C. (2013). What does a service-dominant logic really mean for manufacturing firms?. CIRP Journal of Manufacturing Science and Technology, Vol.3, No.4, pp.285-292.

Grönroos, C. (2006). Adopting a service logic for marketing. Marketing Theory, Vol.6, No.4, pp.317-333.

Grönroos, C. and Voima, P. (2013). Critical Service Logic: Making Sense of Value

---

[10]　セオリー（知識の体系と理論）ではなくナラティヴ（体験的な物語）という用語の選択には，FPの変遷でみてきたような，VargoとLuschのS-Dロジックに対するオープンな研究環境の姿勢が反映されているとされる。

Creation and Co-Creation. Journal of the Academy of Marketing Science, Vol.41, No.2, pp.133‐150.

Grönroos, C. and Gummerus, J. (2014). The service revolution and its marketing implications: Service logic vs service-dominant logic. Managing Service Quality, Vol.24, No.3, pp.206‐229.

Lusch, R.F. and Vargo, S.L. (2006). Service-dominant logic: Reactions, reflections, and refinements. Marketing Theory, Vol.6, No.3, pp.281‐288.

Lusch, R.F. and Vargo, S.L. (2014). Service-Dominant Logic: Premises, Perspectives, Possibilities. Cambridge University Press.

Lusch, R.F. and Vargo, S.L. (2018). Chapter 1: An overview of service-dominant logic. in Vargo S.L., and Lusch R.F. (eds.) The SAGE Handbook of Service Dominant Logic, pp.3‐21, Sage Publications.

Vargo, S.L. and Lusch, R.F. (2004a). Evolving to a new dominant logic for Marketing. Journal of Marketing, Vol.68, No.1, pp.1‐17.

Vargo, S.L. and Lusch, R.F. (2004b). The Four Service Marketing Myths: Remnants of Goods-Based, Manufacturing Model. Journal of Service Research, Vol.6, No.4, pp.324‐335.

Vargo, S.L and Morgan, R.M. (2005). Service in Society and Academic Thought: A Historical analysis. Journal of Macromarketing, Vol.25, No.1, pp.42‐53.

Vargo, S.L. and Lusch, R.F. (2006). Service-Dominant Logic: What It Is, What It Is Not, What It Might Be. in Lusch R.F. and Vargo S.L. (eds.) The Service-Dominant Logic of Marketing: Dialog, Debate, and Directions, Armonk, NY: ME Sharpe, pp.43–56.

Vargo, S.L. and Lusch, R.F. (2008). Service-dominant logic: Continuing the Evolution. Journal of the Academy of Marketing Science, Vol.36, No.1, pp.1‐10.

Vargo, S.L. and Akaka, M.A. (2009). Service-dominant Logic as Foundation for Service Science: Clarification. Service Science, Vol.1, No.1, pp.32‐41.

Vargo, S.L., Lusch, R.F., Akaka, M.A. and He, Y. (2010). Service-dominant logic: A review and assessment. Review of Marketing Research, Vol.6, pp.125‐167.

Vargo, S.L. and Lusch, R.F. (2011). It's all B2B...and beyond: Toward a systems perspective of the market. Industrial Marketing Management, Vol.40, pp.181‐

187.

Vargo, S.L. and Lusch, R.F. (2016). Institutions and Axioms: An Extension and Update of Service-Dominant Logic. Journal of the Academy of Marketing Science, Vol.44, No.1, pp.5-23.

R.F.ラッシュ（著），S.L.バーゴ（著），井上崇通（監訳），庄司真人（訳），田口尚史（訳）（2016）．サービス・ドミナント・ロジックの発想と応用．同文舘出版．
＊（Lusch and Vargo 2014）の翻訳書

井上崇通，村松潤一（2010）．サービス・ドミナント・ロジック―マーケティング研究への新たな視座．同文舘出版．

井上崇通（編著）(2021)．サービスドミナントロジックの核心．同文舘出版．

田口尚史（2017）．サービスドミナントロジックの進展 – 価値共創プロセスと市場形成 –．同文舘出版．

藤川佳則（2021）．価値は提供するものではなく，共創するものへ。「サービス・ドミナント・ロジック」で共創する顧客体験を考える．CX Clip Experience Insights #9.
https://cxclip.karte.io/topic/experience_insights_09/

村松潤一，大藪亮（編著）（2021）．北欧学派のマーケティング研究：市場を超えたサービス関係によるアプローチ．白桃書房．

村松潤一（2021）．第12章：新しいマーケティングの論理―S-DロジックおよびSロジックの視点から．井上崇通（編著）サービスドミナントロジックの核心，同文舘出版．

吉川弘之（2008）．サービス工学序説―サービスを理論的に扱うための枠組み―．Synthesiology, Vol.1, No.2, pp.111-122.

推奨する関連文献

Barrett, M., Davidson, E., Prabhu J. and Vargo, S. L. (2015). Service Innovation in the Digital Age: Key Contributions and Future Directions. MIS Quarterly: Management Information System, Vol.39, No.1, pp.135-154.

ホーバック，井上崇通（2018）．サービス・ドミナント・ロジックへの理解．サービソロジー，Vol.4, No.4, pp.44-49.

8 | サービス工学 1.0： サービス提供側の支援とつくりこみ

原　辰徳

《**目標＆ポイント**》　2000 年代のサービス工学は，ものづくりの設計方法や生産ノウハウのサービスへの応用，さまざまな数理・工学技法のサービスへの適用，および現場での観測・分析を通じた生産性の向上，などが主であった。こうしたサービス提供側の支援とつくりこみをサービス工学1.0と呼び，その基本的な考え方を習得する。

《**キーワード**》　科学的・工学的アプローチの拡大，サービス提供プロセスの改善，最適設計ループ，製造業のサービス化，サービスの設計工学

1. サービス工学とは

　日本におけるサービス工学の起源は，榎本（1984）や吉川弘之が推進した設計学と人工物工学（吉川 1988, 1992）にみることができる。吉川（1992）を受けて設置された当時の東京大学人工物工学研究センターでは，環境問題をはじめとする，人工物の大量生産・消費・廃棄がもたらした問題（現代の邪悪）を解決するために"脱物質化"を掲げ，人工物による量的な充足に代わる質的な充足の本質がサービスと知識にあると考えた（Tomiyama 2001）。そして，2002 年に，その方法論構築のためにサービス工学研究部門が設置された。このように，我が国のサービス工学の起こりは持続可能性を端緒にしており，加えて，（1）大規模化・複雑化したサービスへの対応，（2）サービスの人材教育の効率化と知識継承，および（3）新たなサービスの創出支援を実現する上でも重要な

役割を担うことが期待されてきた。

　一方で，時代の要請とともに移り変わる実学的側面を持ち，また裾野の広がりつつある昨今のサービス工学を，包括的かつ具体的に定義することは実は難しい。本書では，こうした歴史を踏まえた上で，サービス工学を「サービスの生産性向上やサービスによる価値共創に資する方法論や技術を研究・開発するための工学分野」と，やや抽象的な表現に留めることとする。

　まず，2000年代のサービス工学のアプローチを大まかに理解するため，赤松（2012）を基にサービス工学に関わる技術群を俯瞰する（図8-1）。本書籍は，産業技術総合研究所（以下，産総研）サービス工学研究センター（当時）と，筆者を含む東京大学の研究者が中心となって

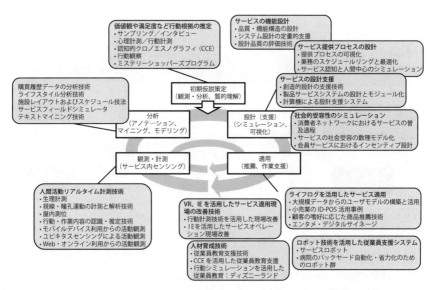

図8-1　2000年代後半にサービス工学で取り組まれてきた技術群

120

編集したものであり，2010年頃のサービス工学の取り組みを，技術と手法の観点から帰納的に理解する上で役に立つ。

図8-1中央には，サービス工学における最適設計ループ（観測・分析・設計・適用）が示されている。これはある種のPDCAサイクルと捉えると理解しやすく，提供者と顧客それぞれの行動と反応を観測・分析し，サービスの中身を改め，現場に適用していくサイクルである（図8-2）。図8-1では，(i) 現場での観測結果を現場での日々の業務に活かす小さなサイクルと，より大きく (ii) 観測・分析・仮説策定・設計・適用をまわすサイクルの2種類に分けている。

経済産業省の技術戦略マップ「サービス工学分野」（2008年版〜2010年版）も，同様のサイクルを基に構成されている。また，2013年度に改訂・策定されたサービス学技術ロードマップ（野村総合研究所

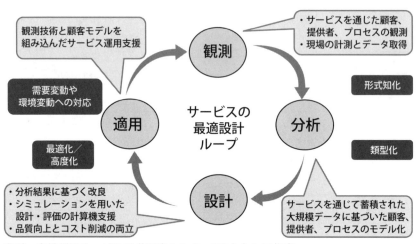

出所：産総研旧サービス工学研究センターHPをもとに作成

図8-2　サービス工学におけるサービスの最適設計ループ

2014）においては，この「観測・分析・設計・適用」を顧客接点技術（顧客接点層）と位置づけて明確化するとともに，新たに上位層に戦略立案支援技術を，基盤層にデータ基盤技術を加えている。

　こうした経営学・社会科学，およびデータ基盤分野との連携の他，2010年以降は価値共創の流れがサービス工学に対して大きな影響を与えてきた。そこで本書では，サービス工学のモード（方式）を2種類に大別し，本章では"サービス工学1.0"を紹介する。価値共創に関わる"サービス工学2.0"については第9章で紹介する。

2.　サービス工学1.0：提供側の支援とつくりこみ

　「サービス工学1.0：提供側の支援とつくりこみ」は，製造業製品の高付加価値化やサービス産業の生産性向上を合い言葉に，「様々な機器・技術を活用することで，サービス現場における実践のサイクルを簡便化・高度化し，その生産性・品質の向上に寄与する」というモードである。2010年頃までのサービス工学研究の萌芽期の主流であり，産総研サービス工学研究センター（当時）による先述の最適設計ループや数理計画・オペレーションズリサーチ（OR）がわかりやすい。極端にいえば，我が国におけるサービス工学振興の初期の議論にあった「科学的・工学的アプローチの拡大」「製造ノウハウの活用によるサービス提供プロセスの改善」（経済産業省2007），ハイ・サービス日本300選，および経済産業省からの委託調査事業などにある事例の多くは，このモードに準ずるものである。2014年に設置され，「効果性のサイエンス」「効率性のサイエンス」「アートのサイエンス」という標語の下，幅広い研究教育活動が行われている筑波大学のサービス工学学位プログラム（岡田2019）においても，このモードが基盤にあることには変わりない。

　このモードでは顧客はいわゆる消費者（Consumer）であり，サービ

スが持つ"製品的特性"に着目した提供側の支援とつくりこみが中心である。ここで，製品的特性に着目するとは，顧客に対する提供物の設計と生産を提供者主体で安定して行おうとすることを意味しており，いわばサービスづくりをものづくりと同様に考え，提供側の活動を支援したり改善したりしていく。この時，顧客は消費者として，その設計・生産時に意図された通りに，そのサービスを使用することが求められる。言い換えれば，そのサービスへの要求が何であって，どのように評価されるか（目的関数）が明確であること，あるいは固定化できることが前提になっている。ただし，これは顧客をみない，もしくは売って終わりという意味ではなく，サービスである以上，顧客の声（Voice of customer）が何であり，より良い顧客体験を創出できたか[1]，またどのように使われたかというフィードバックはもちろん重視される。

3. サービス工学1.0での研究開発の例

（1）産業技術総合研究所での現場起点のサービス工学

このサービス工学1.0を端緒とした，産総研における一連の取り組み（赤松 2012，産業技術総合研究所 2014）とその後の展開については第10章を参照されたい。

（2）概念設計手法を用いたモノとコトの統合設計

次に，提供者が行う設計行為により注目した研究をみておこう。2000年代前半に，東京大学人工物工学研究センター（当時）にて推進されたサービス工学のうち，筆者周辺での主な取り組みは，「サービス工学のためのサービスの汎用モデル化手法」（図8-3）と図8-1右上に示される「サービスの設計支援」の技術群であった（例えば下村 2005，原 2009，Hara 2009，内藤 2009）。具体的には，サービスの定義[2]から

---

[1] 2010年頃まではサービス工学のコミュニティでは顧客体験やユーザ体験という用語が浸透しておらず，品質，付加価値，満足度の向上などの用語で語られてきた。

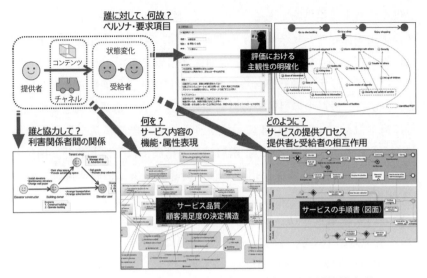

図8-3　サービスの汎用的なモデル化手法とその計算機表現

始まり，工学分野での概念設計の方法論を基礎に，ペルソナ（Cooper 1999）による顧客像（受給者像）の明示化，サービスマーケティング，ビジネスプロセスモデリングの方法などを導入し，サービス用の上流設計支援ソフトウェア（サービスCADシステム）を開発してきた。これらはいわば，工学設計の立場からモノとコトを統一的に扱おうとするサービスデザインの研究であった。

　CAD（Computer-aided design）といえば幾何学形状の設計をイメージするのが一般的だが，サービスCADは，機能，実体，および活動（提供プロセス）を主たる設計要素とし，その語彙表現のネットワークを構築することで，サービスの上流設計を支援する。

　ここで対象とするサービスは，無形の人的活動に限らず，製品機能の

2　「サービスの供給者であるプロバイダが，対価を伴って，サービスの受給者であるレシーバが望む状態変化を引き起こす行為」。そして，この状態変化を直接的に引き起こすものをコンテンツと呼び，コンテンツに対して伝達，供給，増幅等の作用を及ぼすことで状態変化に間接的に寄与するものをチャネルと呼ぶ。

提供を含む市場提供物である[3]。例えば，図8-4と図8-5は，エレベータの運用・保守サービスに関する機能と提供プロセスの記述例（モデル化の例）である。図8-4では，定期保守に留まらず，監視センターを通じたセキュリティ管理を含む安心・安全に関する機能構造を示している。機能は，設計上の目的や設計対象の働きを表す重要な概念であり，特に概念設計では，図8-4に示すような機能の階層構造を利用した手続きが行われる（冨山 2002）。階層構造の構築では全体と部分，抽象と具体などの機能間の関係が用いられ，最終的に実体に関連付けられる（実体化）。

　顧客の要求項目のひとつである「安心・安全」に対する実質的機能は，「緊急時の迅速かつ確実な対応」「稼働中のエレベータ内での犯罪防止」「エレベータの信頼性の維持」の3つであり，図下部に示されるさまざまな人間系・製品系の実体とそれらによる部分的な機能を通じて達成される。このようにして，機能の概念を中心に据え，有形的・無形的構成（モノとコト）の双方から成るサービス行為の内容とその評価構造をモデル化していく[4]。

　また，地震／火災発生による緊急時のプロセスを記述した例を図8-5に示す。これは，業務プロセスの標準表記法である Business Process Modeling Notation（BPMN）を用いて記述したサービスブループリント（第3章）である。最上部に利用者（顧客）の行動が並び，続いて監視スタッフやエンジニアによるサービス活動のプロセス，エレベータや制御システムによる製品のプロセスが並んでいる。図8-5では省略しているが，この図面には「エレベータの通常利用プロセス」「定期保守等の利用者に直接依存しないプロセス」も記述されており，サービスの全体像を良く理解できる。

　さらに，このような記述結果（モデル）に顧客要求の重みや構成要素

---

[3] 第7章でいえば単数形のサービスに相当する。図7-1も参照されたい。
[4] 図8-4では省略しているが，各機能にはその発現度合いの評価変数が，各実体には属性変数が設定されている。

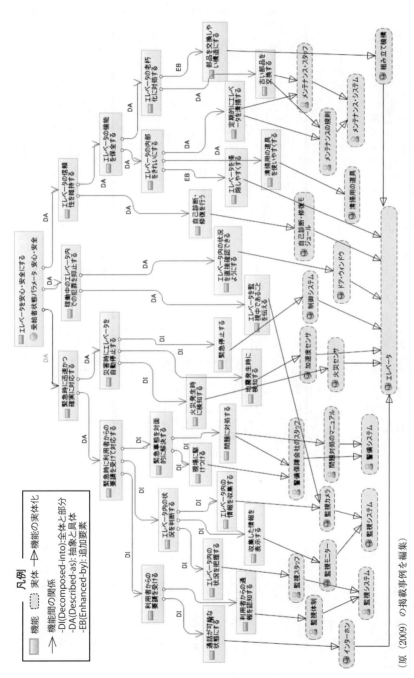

図8-4　エレベータの保守・運用サービスにおける機能の階層構造の例

（原（2009）の掲載事例を編集）

126

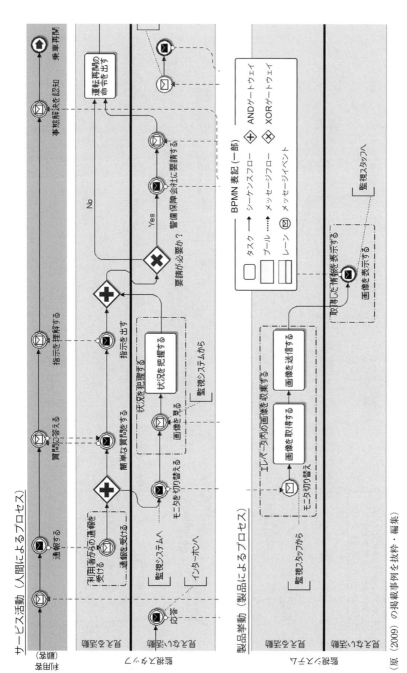

図8-5　エレベータの保守・運用サービスにおける提供プロセスの例

（原（2009）の掲載事例を抜粋・編集）

間の関係性の強さを与えることで，計算機上にて，品質機能展開
（Quality Function Deployment：QFD）やAHP（Analytic Hierarchy
Process）などを用いた構成要素の重要度分析，およびサービス品質や
満足度の評価を実現できる（Hara 2009, 赤松 2012）。これらはいわば
CAE（Computer-aided engineering）での製品の特性解析に相当する
ような機能である。さらに，蓄積したサービス事例のデータを活用した
創造的設計の支援の試みもなされてきた。

（3）製品サービスシステムと製造業のサービス化

　エレベータの事例でみたような，「製品そのものと，その製品機能を
より良く伝達・使用・消費するためのサービスとを一体化し価値を生み
出すシステム」は製品サービスシステム（Product Service System：
PSS）[5] と呼ばれ，製造業のサービス化の中でも工学分野と特に深い関
わりがある。特に設計の観点では，以下（a）～（d）の方向性が示さ
れる（新井（2012）を参考に作成）。

（a）製品／サービス

　製品の機能を，有形的構成（モノ）から無形的構成（コト）へ移すこ
とで，顧客満足度を高めていく方向付けである。この観点で最もよく知
られているPSSの分類（＝PSSにおけるサービスの分類）が**図8-6**で
あり，製品指向型サービス，利用指向型サービス，成果指向型サービス
である [6]（Tukker 2004）。洗濯機の例でいえば，従来型の販売とアフ
ターサービス，コインランドリー事業，クリーニング事業などであり，
それぞれ「製品は顧客が所有」，「製品は提供者が所有」，「顧客は結果を

5　本用語と**図8-6**のように，製品と並びで使われるサービスは無形財を指してお
り，第7章でいえば複数形のサービスシーズに相当する。
6　さらに小分類があり，製品指向型では製品関連サービス，助言・コンサルティ
ングが，利用指向型ではリース，シェアリング／レンタル，プーリング（同時共同
利用）が，成果指向型では従量課金サービス，アクティビティマネジメント（業務
のアウトソーシング），機能的成果がある。全8分類として知られる。

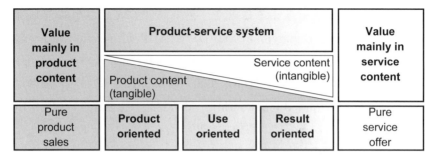

図8-6　製品サービスシステムの分類（Tukker 2004）

買う」という特徴がある。無形的構成への移行は「製品そのものの販売から，製品機能の販売」への転換とも理解できる。主流となったソフトウェアのクラウドサービスは，機能販売の代表的な例といえよう。

（b）ビジネスモデルと顧客志向

　上述 PSS の小分類にあるリース，シェアリング，従量課金にもみられるような，製品の所有形態や機能の販売形態を変える方向付けである。近年ではさまざまな製品においてサブスクリプション型のモデルが増えてきている。これらは製品志向から顧客志向への転換とも強く関係しており，特に産業用製品や BtoB（対事業所）サービスであれば，**図8-7** に示すように，サービス提供型ビジネスを通じて顧客企業と長期的な関係を築き，相手の事業と経営により入り込んでいくという戦略がみられる（例えば Tan 2010）。

（c）ライフサイクル

　製品のライフサイクル全体にわたって価値を取り出す方向付けである。製品の交換価値のみならず，製品が生み出すサービスの管理と最大限の利用によって使用価値を高めるとともに，回収・リサイクル・リユースを促進するサービスや稼働データの活用によって製品の残存価値

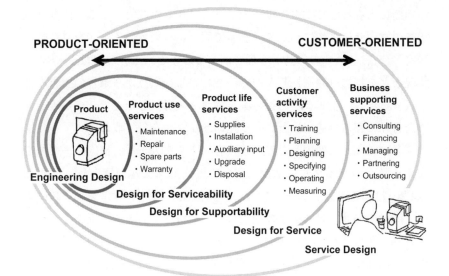

図8-7　製造業製品からみたサービス提供ビジネスの展開（Tan 2010）

を有効利用するなども考えられる。

（d）顧客行動と機能利用

　提供者が顧客の行動や製品の機能発現状態を密に把握し，最適化などにより機能利用を最大化しようとする方向付けである。ただし，この方向付けには，顧客自身が利用プロセスを十分に理解して機能利用を最大化する，顧客の関与度合いを高め価値を共創する，なども含まれ，それらの場合は第9章のサービス工学2.0のモードに近い。

（4）対人サービスでの接客スキルの分析と教育応用

　先述の「観測・分析・設計・適用」のような品質向上のサイクルを絶えず回す仕組みは，組織に限らず，個人レベルでの 慮 りを含めた現

場判断にも存在しており，サービス工学 1.0 での対象になる。例えば航空機の機内サービスにおいて，座席で眠りについている乗客を見た時の客室乗務員（CA）の行動と心理を調べてみると，乗客の情報，人物像，状況などを把握（観測）しながら，さまざまな観点から乗客の要求を推定（分析）し，毛布などの接客案を検討（設計）した上で，声かけを含めた行動に移る（適用）という一連のサイクルを見て取れる。

　筆者はこうした熟達した CA の接客スキルを分析し，機内サービスを支える教育のサイクルに活かしていくサービス工学研究を行ってきた（原 2017）。この研究テーマでは，特に観測・分析の研究フェーズにおいて産総研のサービス工学技術や人文社会科学での質的調査の方法を取り入れながら進めた。具体的には，実フライトでの行動観察と行動計測の他，訓練施設での接客実験と回顧的インタビューを通じた CA の認知過程の深掘りなどを行ってきた（観測・分析）。結果として，熟達した CA にみられる「乗客心理への深い考察に裏打ちされた能動的な接客アプローチ」を学んでいくための図解モデルと教育教材を構築した（設計）。本教育教材はその後，乗務経験のない新人 CA を主対象に航空会社自身がアレンジした上で，2018 年から同社の集合訓練と e-learning にて利用されている（適用）。また，2019 年度には約 200 名の CA を対象とした質問紙調査を通じて，慮った接客アプローチを支えるスキルを定量的に示すことなどに取り組んできた。これらの題材はいずれも乗客（顧客）との関わりを扱ったものであるが，乗客理解に基づく CA 側（提供者側）の活動の支援に重きを置いており，サービス工学 1.0 のモードといえる。

4. “学”を超えた展開に向けて

　第 3 節で述べたサービス工学 1.0 の研究事例は，大学や公的研究機関

という "学" が主導したものであった。AI・データ活用の進展も鑑みれば，今後もサービス工学1.0が果たすべき役割は依然として大きいし，実サービスを起点とした "産" と "学" のより一層の協働が求められる。加えて，計算機科学の成果が情報通信技術（ICT）として浸透したように，サービス工学のさまざまな技術も成熟しサービステクノロジー（ST）にまで昇華できるであろうか。そうすれば，企業等実務者が "学" を意識せずとも使いこなし，企業規模の大小を問わず，より積極的な研究開発を自ら行っていけるようになるであろう。

《推奨する自習》

1．サービス工学1.0の考え方を基に，経済産業省（2007）や推奨文献にある事例集に目を通し，「科学的・工学的アプローチの拡大」「サービスプロセスの改善」について理解を深めよう。

2．自身が関わるサービスに対して最適設計ループを当てはめ，観測，分析，設計，適用のどのステップの改善や研究開発が足りていないか，またそれはなぜか（どのような難しさがあるからか）を考えてみよう。

3．あるひとつの製品をとりあげ，それに関わるサービスや機能の提供形態を，3節（3）で紹介した製品サービスシステムの方向付けを用いて検討してみよう。

参考文献

Cooper, A. (1999). The Inmates Are Running the Asylum. Sams.

Hara, T., Arai, T. and Shimomura, Y. (2009). A CAD system for service innovation: integrated representation of function, service activity, and product behaviour. Journal of Engineering Design, Vol.20, No.4, pp.367-388.

Tukker, A. (2004). Eight types of product service system: eight ways to sustainability? Experiences from SusProNet. Business Strategy and the Environment, Vol.13, pp.246-260.

Tan, A.R., Matzen, D., McAloone, T.C. and Evans, S. (2010). Strategies for designing and developing services for manufacturing firms. CIRP Journal of Manufacturing Science and Technology, Vol.3, No.2, pp.90-97.

Tomiyama, T. (2001). Service Engineering to Intensify Service Contents in Product Life Cycles. In Proceedings of EcoDesign 2001, pp.613-618.

赤松幹之・新井民夫・内藤耕・村上輝康・吉本一穂（監修）(2012). サービス工学 ―51の技術と実践―. 朝倉書店.

新井民夫 (2012). サービス工学の提案―製品のサービス化―. 精密工学会誌, Vol.78, No.3, pp.179-184.

榎本肇 (1984). サービス工学の提案. 電子通信学会誌, Vol.67, No.5, pp.487-492.

岡田幸彦 (2019). 「サービス工学×AI」と品質向上：筑波大学の経験から. 品質, Vol.49, No.3, pp.204-209.

経済産業省 (2007). サービス産業におけるイノベーションと生産性向上に向けて. 経済産業調査会.

産業技術総合研究所 (2014). 社会の中で社会のためのサービス工学～モノ・コト・ヒトづくりのための研究最前線～. カナリア書房.

下村芳樹, 原辰徳, 渡辺健太郎, 坂尾知彦, 新井民夫, 冨山哲男 (2005). サービス工学の提案―第1報, サービス工学のためのサービスのモデル化技法―. 日本機械学会論文集C編, Vol.71, No.702, pp.315-322.

冨山哲男 (2002). 岩波講座 現代工学の基礎〈15〉設計の理論（設計系2）. 岩波書店.

野村総合研究所 (2014). 経済産業省 平成25年度産業技術調査事業（サービス工

学分野技術戦略マップブラッシュアップ事業）報告書（https://warp.da.ndl.go.
jp/info:ndljp/pid/11241027/www.meti.go.jp/meti_lib/report/2014fy/E004196.
pdf）

原辰徳，新井民夫，下村芳樹（2009）．サービスづくりのための対象表現手法．計
測と制御，Vol.48 No.5, pp.423-428.

原辰徳（2017）．客室サービスでのおもてなしとはなにか—サービス工学を基に客
室乗務員の行動と内面を探り，人材育成に生かす—．ていくおふ，No. 147, pp.
32-39.

内藤耕（編著）（2009）．サービス工学入門．東京大学出版会.

吉川弘之（1988）．先端技術と人間．世界，pp.19-34, 岩波書店.

吉川弘之（1992）．人工物工学の提唱．ILLUMU, 4-1, pp.41-56.

推奨する関連文献

サービス産業生産性協議会，ハイ・サービス日本300選，（https://www.service-
js.jp/）

サービス産業生産性協議会（2010）．サービスプロセス改善事例28のケーススタ
ディに学ぶ生産性向上のヒント.

内藤耕（2010）．実例でよくわかる！ サービス産業生産性向上入門．日刊工業新聞.

高木英明（編著）（2014）．サービスサイエンスことはじめ—数理モデルとデータ分
析によるイノベーション—．筑波大学出版会.

吉川弘之（2008）．サービス工学序説—サービスを理論的に扱うための枠組み—．
Synthesiology, Vol.1, No.2, pp.111-122.

9 | サービス工学 2.0：顧客側の支援と共創

原 辰徳

《目標＆ポイント》 サービスの利用者である顧客への積極的な支援と関与度合いの向上などを通じて価値共創を実現しようとする，サービス工学2.0のモードを学ぶ。第8章の内容と合わせて，身の回りにあるサービスの形態とつくり方を，1.0と2.0の両側面から説明できることを目指す。
《キーワード》 価値共創，顧客参加，設計・生産，価値創成モデル，ユーザデザイン，観光情報サービス

1. サービス工学2.0：顧客側の支援と共創

（1）「サービス≒価値共創」を踏まえたアプローチ

　第8章で学習した「サービス工学1.0：提供側の支援とつくりこみ」との対比で，本章では「サービス工学2.0：顧客側の支援と共創」を学ぶ。これは，「サービスとは価値共創である」との見方のもと，「様々な機器・技術を活用することで，サービス提供者と顧客間の距離を縮め，顧客との協働によって新しい価値を生み出すこと」に応えるモードである。2.0は1.0の上位互換という意味ではなく，共存する。

　情報通信技術（ICT）の発展と浸透，マーケティング分野におけるサービス・ドミナントロジック（第7章）の登場，科学技術振興機構での問題解決型サービス科学研究開発プログラム，サービス学会の設立（第15章）などによって，「サービス≒価値共創」との見方が盛んになるとともに，身の回りの事例でも多くみられるようになった。日本学術

会議のサービス学分科会（経営学委員会・総合工学委員会合同の委員会）が 2017 年に策定したサービス学の参照基準でも，サービスを「提供者と受容者（顧客）が価値を共創する行為」（日本学術会議 2017）としており，まさに顧客との共創性に基づいた定義になっている。

　第 8 章でも触れたように，サービス工学においても，経営学・社会科学との連携と接近が進む中で 2000 年代後半から共創が意識されはじめた。それを踏まえてアプローチを明文化したものが冒頭の説明であり，サービス提供側に留まらず，顧客側を積極的に支援したり，彼らの関与度合い・参加度合いを高めたりすることで，サービスが持つ "サービス的特性" を活用しながら価値共創を実現しようとする。すなわち，顧客を消費者ではなく「サービスを活用するパートナー」として捉え，顧客との協働による直接的な価値共創，および顧客による工夫や努力を通じた使用価値の増大による価値創造がより重視されている。そのため，サービス工学 2.0 では顧客よりもユーザという呼び方の方が好ましい時もある。本章 2 節の（2）でユーザ関連研究に言及する際には，ユーザのまま表記する。

（2）顧客の情報・フィードバック・関与がどの程度か

　今，"サービス的特性" と述べたが，第 8 章のサービス工学 1.0 では "製品的特性" について述べた。これらの違いを理解するために，Sampson（2006）の Unified Service Theory を基に作成した図 9-2 で考えてみよう。Unified Service Theory とは，「顧客からのフィードバックによる追加入力により，生産プロセスが変容すること」がサービスの本質であるとの認識から，製造業／サービス業の如何に関わらず，サービスに対する理論の統合を図ろうとするものである。Sampson らの研究では，生産プロセスへの追加入力のみが記されているが，ここでは設

計と生産とを分離し，両方を考える[1]。また，フィードバックに並ぶものとして，顧客の個別情報と積極的な参加を明示している。

　これを基に考えれば，サービス工学1.0の"製品的特性"が強い極端なサービスづくりとは，**図9-1（a）**の通り，顧客の個別情報・フィードバック・積極的な参加なしに，サービスを設計・生産する方法である。これに対して，"サービス的特性"が強いサービスづくりとは，**図9-1（b）**の通り，顧客からの個別情報・フィードバック・積極的な参加が，設計および生産へと入力され，影響を与えることである。

　ここでのフィードバックには，顧客アンケートや顧客の声だけでなく，アクセス記録や機器の稼働状況を含めた利用データも該当する。設計や生産そのものへの顧客の直接的な参加はみられなかったとしても，昨今では，こうした顧客からのフィードバック無しに達成・運用されるサービスは少ないであろう。そのため，フィードバックに関するサービス的特性の強弱は，「フィードバックがあるか／ないか」という事実よりも，「フィードバックの頻度，種類，量がどの程度であって，当該サービスの設計・生産プロセスで，それらを積極的に活用しているか／いないか」を表すものと捉えるのが良い。

　その他，顧客からの個別情報と積極的な参加を踏まえた，設計・生産プロセスにおける典型的な活動は以下の通りである。

生産
・事前に把握した顧客の属性を考慮して，個別的な対応を行う（推薦やパーソナライゼーションなど）。
・サービスの提供プロセスにおいて顧客の協力行動や要望提示などが多く必要であり，顧客と共同生産（Co-production）を行う。

---

[1]　生産や開発に参加する顧客については，価値共創の概念以前から，生産消費者，あるいはプロシューマー（Prosumer）と呼ばれてきた（Toffler 1980）。

設計

- どのようなサービスにするか／望ましいかという要求仕様を検討する段階に，顧客が強く関わる（個別受注生産や顧客／顧客コミュニティからの企画など）。
- 仕様策定後の詳細化や開発段階においても，顧客が定期的に関わる（ワークショップ等を含む共同開発の活動や，要所での評価など）。

そのため，サービス工学 1.0 では提供すべきものが最初の段階でほぼ決まっている（静的・確定的）のに対して，2.0 では設計・生産プロセスでの顧客との関わりを通じて形が変わっていく（動的・創発的）。また，フィードバックを考慮すれば，サービスのリリース後にも提供しながら探索・適応し続けるという特徴を持つ。これらのことは，「将来の状況への対応改善のため，データに基づき学習，動的適応，意思決定を行えるサービスシステム」であるスマートサービスシステム（Lim

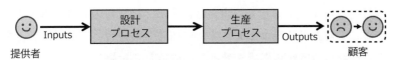

(a) 製品的特性が強い設計・生産プロセス

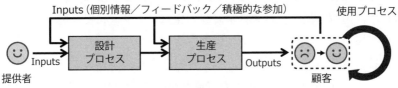

(b) サービス的特性が強い設計・生産プロセス

出所：Unified Service Theory を参考に作成

図9-1　設計・生産に関わる製品的特性とサービス的特性の違い

138

2018）にも関わる。

（3）観光情報サービスでの取り組み例

　少し前のものになるが，観光分野での取り組みを例にサービス工学
2.0の理解を深めてみよう。観光情報はかつて旅行会社や観光事業者の
内部に蓄積され，編集され，旅行商品などに形を変えることで，旅行者
に届けられることが一般的であった。サービス工学1.0のアプローチは，
こうした提供主体である旅行会社や観光事業者が行う業務の支援を通じ
て，消費者としての旅行者の満足を高める方策である。その後，地理情
報サービス，SNS，スマートフォンなどが普及するにつれて，観光情報
は，旅行者や地域が直接使いこなしたり生み出したりできる対象となっ
た。ここでサービス工学2.0のレンズにかけ替えると，彼らとの協働に
よって新しいサービスを創出していく仕組みや技術の活用方法がみえて
くる。特に個人旅行者の活動では包括的な旅行体験がみられる。彼らは
ガイドブックやWebなどを参考に，観光情報を使いこなし，一人ひと
りが旅行計画を組み立てる。到着後は，計画に沿って観光する一方，天
候や体調の変化などに応じて計画を修正する。観光後の評価では，SNS
などを通じて友人や旅行コミュニティに情報発信を行い，周囲に影響を
与える。自身も他者から影響を受け，次の旅行を動機付ける。

　こうした背景の下，筆者は2010年度から2013年度に，科学技術振興
機構の問題解決型サービス科学研究開発プログラムにて，個人旅行者が
行う"まちあるき観光プランニング"を促進し（サービス工学2.0），旅
行会社によるパッケージツアーづくりや観光案内業務の支援（サービス
工学1.0）との協働に取り組んだ（原2014，西野2017）。特に，2.0の考
え方を用いて個人旅行者向けの対話型観光プランニングサービスCT-
Planner（Collaborative Tour Planner）（**図9-2**）（Kurata 2013）を研究

開発し中核に据えた。本サービスにより，「自分で情報を調べ，ざっと計画し，自由に楽しみたい」という個人旅行者のニーズに訴求しながら，サービス提供を通じた持続的な調査と情報循環を実現できる。

　CT-Planner のように，ユーザへの最小限の質問を元に暫定解（たたき台）を生成・提示し，それに対するユーザからの評価に基づき，さらに精度の高い解を目指す方法は対話型設計支援と呼ばれる。CT-Planner はこれを発展させたものであり，観光プランの推薦技術によって旅行者のような専門的知識に乏しいユーザを手助けしながらも，ユーザの自己決定と主体感に重きを置いている。第 8 章でのサービス CAD システム等を用いた，提供者によるつくりこみとは対称的である。こうした対話過程を経ることで，ユーザは自らの要求を明確化することができ，結果としてより満足度の高いプランの作成へとつながっていく。

　2014 年以降には，CT-Planner が持つ観光プラン作成支援技術を諸地域での観光案内サービスに組み込み，それらを通じて収集した旅行者の期待や行動データを利活用することで，観光まちづくり活動の実施を支援してきた（原 2016）。

2.　サービス工学2.0をよりよく理解するために

（1）どのような価値を生み出しているか

　これまでにサービス工学 1.0 と 2.0 のアプローチをみてきたが，実のところ，価値には踏み込まず説明してきた。価値とは何か，という問いに端的に答えるのは容易ではないが，その創出プロセスの違いを説明してくれるもののひとつに，上田による価値創成のモデルがある（Ueda 2009）。これらは，目的の状況と環境との関わりによる，人工物システムとそのつくり方の類型に基づいたものである。以下，西野（2017）による価値創成のモデルの説明を一部引用する。

140

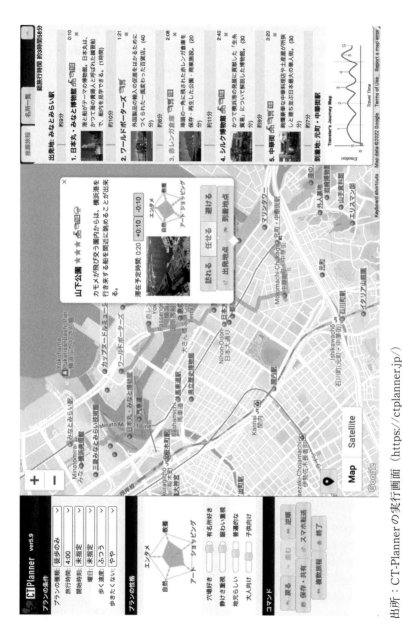

出所：CT-Plannerの実行画面（https://ctplanner.jp/）

図9-2　個人旅行者向けの対話型観光プランニングサービス

●クラスⅠ　価値創成モデル：提供型価値

　顧客が何をしたいのか，どのような好みを持っているか，どういうことを望んでいるか等の顧客が持つ価値に関する情報があらかじめ決まっていて，さらに提供者側も目指すべき目的が明確に確定していて，サービスが提供される環境に関する情報も完全に分かるという状況における価値の創出を表現した概念モデルである。

　このクラスでは，達成すべきゴールがクリアに見えているので，そのゴールを実現するためのベストな解（サービスの構造）を見つけることが課題となる。いわば最適解探索が中心的な課題となる。

●クラスⅡ　価値創成モデル：適応型価値

　クラスⅠと同様に顧客が持つ価値に関する情報があらかじめ決まっていて，提供者側の目的も確定している状況であるが，実際にサービスを提供するときの環境に関する情報がよく分からない，もしくは予期せぬことが起きたりする場合の価値創出を表現した概念モデルである。

　このクラスでは，予期せぬ変動に対して，サービスの提供中にいかにして適応するかという戦略を考えること，あるいは，そのような柔軟に適応できる熟練スキルを身につけることがこの場合の中心的な課題となってくる。

●クラスⅢ　価値創成モデル：共創型価値

　上記の２つのクラスと異なり，顧客は何が最もうれしいのか，自分の好みは何なのかといった価値に関する情報がよく分からない場合である。同様に提供者の目的も特定できない。このような状況下での価値創出の形式を表現した概念モデルである。

　このクラスでは，相互作用を通じて新たな価値を生み出すという共創プロセスを通じた価値創出が中心となる。価値や目的が決定するとともに，サービス自体も決定するという同時的な関係がある。ここでの中心

142

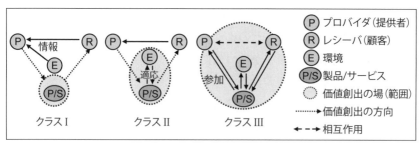

出典：Ueda（2009）をもとに作成

図9-3　価値創成モデル

的課題はどのように共創するかという点となる。

　なお，これは共創型の価値が優れているということではなく，3つそ
れぞれの型に特徴があって，相互補完の関係にある。また，サービス工
学1.0は提供型価値を，サービス工学2.0は共創型価値を念頭に置いて
いたことがわかる。実のところ，適応型価値は1.0と2.0のモードでも
対象にでき，提供者主導／顧客主導のいずれか，また顧客からの入力が
どの程度活用されるかによってどちらに区分されるかが変わってくる。

（2）使用と密接に結びついた設計の捉え方

　サービスのひとつの見方である使用中心は，従来の製造業や工学分野
が製品ライフサイクルを起点に物事を思考していたことと対照的であ
る。図9-4は，従来の製品ライフサイクルに対して，ユーザの使用サ
イクルを対応づけ，強調したものである。図はBtoC（対個人）を念頭
に置いているが，BtoB（対事業所）であれば，ユーザ企業の業務サイ
クルが書かれる。サービス化のひとつの意味は，この使用サイクルに含
まれる各段階に注目し，サービスが持つユーザ対応度合いをより高めて

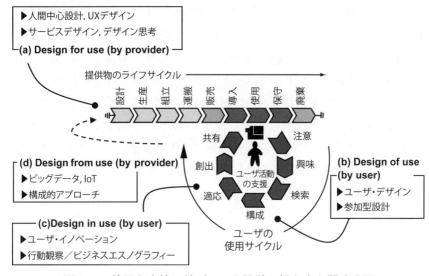

図9-4　使用と密接に結びついた設計の捉え方と関連分野

いくことであった。これは，サービスデザイン全般や人間中心設計（第11章で言及）などでのユーザ体験重視の考えとも合致する。

　一方，第8章3節の（3）（d）の顧客行動と機能利用で述べたように，より良い満足のためには，ユーザ自身がサービスの使用方法を十分に理解し，サービスの機能利用を最大化していくことが同時に求められる。こうしたユーザによる貢献を顧客参加として広く捉え，使用と密接に結びついた設計の捉え方（Redstrom 2010）を考えてみると，**図9-4** に示す4種類が考えられる。すなわち，サービス工学 2.0 における設計では，サービス工学 1.0 に対応する（a）提供者が使用方法を設計段階にてつくりこむ（Design for use）だけでなく，（b）ユーザ自らが使用のために組み立て，適応させる（Design of use），（c）ユーザの使用方法

に潜む設計的側面（アレンジや他との組み合わせ）を見出す（Design in use），および（d）ユーザから得られた使用データを次の設計に活かす（Design from use）など，幅広く捉える必要がある。このうち，先述の観光プランニングサービス CT‐Planner は正に（b）の使用方法の組み立てであるし，それを通じて蓄積されたデータを旅行会社や地域がうまく活用し設計を改良していくことは（d）に相当する。また，本章では扱わなかったが，当日の観光行動（使用）に密着し，道すがら行われる計画変更や旅行者ならではの視点・工夫などから知見を得ることは，（c）に通じる。

　図9‐4では関連分野を併記しており，（b）（c）（d）に共通するようなユーザ像として，プロシューマ（Toffler 1980）やリード・ユーザ（von Hippel 1986）が知られている。

　読者の皆さんが何気なく行っている "サービスを使う" という行為にも，サービス工学2.0の観点で捉えれば，このような理解が見えてくる。

（3）共創に必要な "おもてなされ力" をどう高めるか[2]

　これまでの説明を基に，サービス工学1.0を，提供者主導による提供型／適応型価値という "おもてなし" を追求する取り組みと仮にしよう。第8章で紹介した客室乗務員（CA）による接客は，相対する乗客の行動や反応によって大きく変わる。サービス工学2.0の観点で捉えれば，おもてなしは "おもてなされ手" との関係性と協調によってより良いものとなる可能性がある。おもてなしは座して待っているだけではやってこない。そのため，主客対等とまではいかずとも，提供側の "おもてなし力" と同様に，顧客側の "おもてなされ力"[3] もまた大切である。

　eコマースの利用拡大とともに需要が増し逼迫している物流・宅配便

2　原辰徳（2018）．おもてなしを科学し，人材教育に活かせ. LearningDesign, 2018年10月号, p.64. を一部編集

を例に考えてみよう。細かい時間帯指定，再配達の申請，届け先の変更
など，荷物を受け取る上での利便性は，きめ細かな日本らしさを感じる
サービスのひとつである。一方，自身が行った時間帯指定の受け取りを
守ることなどは，基本的なおもてなされ力である。その他，荷物の送り
主や業者が届けやすいように自分の情報を正しく出す，宅配サービスの
オプションを上手に使いこなす，配達員に対して親切に接する，なども
サービスを受ける上での必要な参加意識である。この参加意識のレベル
には，荷物が届かない問題が起きた時に自分にも責任があると考えるな
ど，自分ごと化の意識も含まれる点が特徴である。観光の場合にも，異
文化を理解しようとする気持ち，感謝する気持ち，自分が何を求めてい
るか・困っているかをさまざまな形で示すこと，などが基本的なおもて
なされ力である。**図 9-2** の CT-Planner は，旅行者が自身で旅程を組
み立てながら要望を明確化していく，という一歩進めたおもてなされ力
をサポートするものといえる。

　おもてなされ力が高まったとして，顧客のサービスに対する期待水準
は上がる一方であろうか。サービスでの共創の概念には，もうひとつの
意味がある。それは受ける側に留まらず生み出す側にまわることであ
る。ここでの生み出す側には広い意味があり，先ほどの旅行計画のよう
な組み立て行為から，共同体感覚や顧客市民行動から来る自発的・利他
的な行為までをも含む。筆者が 2018 年に行った宅配便に関する Web
アンケート調査では，荷物を送った経験が直近にある消費者の方が，自
身が荷物を受け取る時の参加意識が高く，配送の遅れなど宅配業者の
ちょっとしたミスにも寛容になれ，隣人・地域内での受け取りなど新し
い宅配の仕組に対する利用意向も高い，などの傾向が僅かながら見ら

3　価値共創での顧客像を示す用語として暫定的に用いている。学術的には，顧客
エンゲージメント，顧客参加，顧客市民行動などの概念が関わる。これらでは，反
復購買など経済的な関係だけでなく，本章で述べた設計・生産プロセスへの参加，
および他者への推奨やサポートなど，多岐にわたる社会的な関係行動を対象範囲と
している。

れた（Ho 2019）。経験者は厳しい目を持っていると一般には捉えられるが，生み出す側への意識にまで達することができれば，必ずしもそうでないようである。つまり，おもてなされ力が一定まで高まると，関わり方や評価基準が変わり得る。観光であれば，文化交流によってファンを増やし，口コミなどを広げ，長期滞在や移住にまでつなげていこうとすることがこれに通ずる。もう少し身近なところでいえば，例えば「自身が組み立て楽しんだ個人旅行の内容が，その地域の自治体や観光事業者の観光まちづくり活動に役立っている」ということがうまく見えるようになれば，旅行者の意識を変えられる可能性がある。

　おもてなしを「受けたい」から「生みたい」側（がわ）へと変えるツボを探る。筆者はこれを"けみがわのツボ"と呼んでいる。極論すれば，"けみがわのツボ"を押すコトづくりを通じて顧客のおもてなされ力を高め，疲弊しないサービスづくりを実現していくことが，サービス工学 2.0 が目指す共創であろう。

《推奨する自習》

1．本章のサービス工学 2.0 の取り組みがよく当てはまると思われるサービス事例をあげてみよう。また，そのように考えた理由を，図 9-1 を用いて，設計・生産プロセスに対して顧客情報，フィードバック，積極的な参加が与える影響の観点から説明してみよう。
2．サービスを利用する立場から，これまでに"けみがわのツボ"を押され，「受けたい」が「生みたい」に変わった経験について考えてみよう。また，そのきっかけは何であったか，考えてみよう。

参考文献

Ho, Q. B., Murae, Y., Hara, T. and Okada, Y. (2019). Consumer Experience as Suppliers on Value Co-Creation Behavior. Journal of Serviceology, Vol.4, No.1, pp.1-7.

Kurata, Y. and Hara, T. (2014). CT-Planner4: Toward a More User-Friendly Interactive Day-Tour Planner. in: Zheng Xiang & Iis Tussyadiah (ed.), Information and Communication Technologies in Tourism 2014, pp.73-86, Springer.

Lim, C. and Maglio, P.P. (2018). Data-Driven Understanding of Smart Service Systems Through Text Mining. Service Science, Vol.10, No.2, pp.154-180.

Redstrom, J. (2006). Towards user design? On the shift from object to user as the subject of design. Design Studies, Vol.27, No.2, pp.123-139.

Sampson, S. and Froehle, C.M. (2006). Foundations and implications of a proposed unified services theory. Production and Operations Management, Vol.15, No.2, pp.329-343.

Toffler, A. (1980). The Third Wave. William Morrow & Company, Inc., New York.

Ueda, K., Takenaka, T., Vancza, J. and Monostori, L. (2009). Value Creation and Decision-making in Collaborative Society. CIRP Annals - Manufacturing Technology, Vol.58, No.2, pp.681-700.

von Hippel, E. (1998). Lead Users: A Source of Novel Product Concepts. Management Science, Vol.32, No.7, pp.791-805.

日本学術会議 (2017). 大学教育の分野別質保証の教育課程編成上の参照基準 (サービス学分野).

原 辰徳 (2014). 顧客によるデザインと利用とを起点としたサービスシステムの構成法. サービソロジー, Vol.1, No.2, pp.22-25.

原 辰徳 (2016). 東京五輪に向けた観光情報学と観光プランニングサービス. 人工知能学会誌, Vol.31, No.6, pp.858-863.

西野成昭, 原 辰徳, 嶋田 敏 (2017). 第9章 サービスを「設計する」とはどういうことか. サービソロジーへの招待, 村上輝康, 新井民夫, 科学技術振興機構 社会技術研究開発センター (編著), 東京大学出版会, pp.187-212.

推奨する関連文献

上田完次（2010）．研究開発とイノベーションのシステム論―価値創成のための統合的アプローチ―．精密工学会誌，Vol.76, No.7, pp.737-742.

小川 進（2013）．ユーザイノベーション．東洋経済新報社．

科学技術振興機構 社会技術研究開発センター（2015）．未来を共創するサービス学を目指して―サービス学将来検討会 活動報告書―．

持丸正明（2014）．特集①：分野別人間工学の現状と将来（6）―サービス工学の現状と展望―．人間工学，Vol.50, No.4, pp.153-157.

コラム

サービスを楽しむための3つの劇[4]

「サービスとは劇である」という古くからの見方を拡張して，サービスの楽しみ方を紹介したい。まずは観客としての楽しみ方である。

●観劇する：役者（送り手）から観客（受け手）へと劇というサービスが供給される。観客は表舞台の劇を受動的に楽しむ。この時，その劇の質は監督，劇作家，大道具，小道具など観客から見えない存在に支えられているほか，劇場内にいる他の観客からも影響を受ける。これらも踏まえた上で，観客は，標準化され，つくりこまれた劇を期待する。

●演劇する：これは観客による演劇であり，元となる台本に沿って，観客自身も役者と同様に演じる。役者と観客間の相互作用が重要であり，

---

[4] 原辰徳（2016）．サービスを楽しむための3つの劇．群像，2016年6月号，pp.251. を一部編集。

観客個々の演じ方や仕草に応じて，役者の演技が調節される。つまり，観客の参画によって，個別的な劇に仕上がる。一緒に演じるなど何やら敷居が高そうであるが，情報通信技術の発達も相まって参画の方法は格段に増えており，観客の演じ方の大小はさまざまである。

●即興劇をする：さらに一歩進めて，特に台本を定めずに各々が自発的に演じる即興劇を考える。これはインプロとも呼ばれる。この段階になると役者と観客の区別が曖昧になり，今までに無い提案を互いに出し合い，協議しながら，新たな劇を創発していく。どのような劇になるか予測が難しい反面，そこでしか生まれない創造を期待できる。

　ここで重要なことは，どの種類の劇が良いとか悪いとかではなく，それぞれの性質を理解した上で，それらの塩梅をいかに決めるかである。すると，役者－観客が織りなす劇を更に外から眺め，その塩梅を調べたり実現したりする別の観客が現れる。これがサービスの研究者であり，研究の楽しみ方にも観劇，演劇，即興劇という類似の構造があることに気がつく。つまり，サービスにおける観劇研究とは，役者と観客の行動や反応を，目で観察したりさまざまな機器や技術を用いて測ったりすることで「深く知ろう」とする科学的な楽しみ方である。一方，演劇研究とは，役者，観客，監督，大道具などをお手伝いし，劇を「より良くしよう」とする工学的な楽しみ方である。また近頃では，研究者自身も舞台に上がり，現場に入り込みながら劇を共に創作していく即興的な研究も増えてきている。

　世の中は劇で満ちている。サービスサイエンスがこの即興研究の一辺倒ではもちろん困るが，これら3つの劇に対する知識と実践とがそろうことで初めて，社会という次の観客を魅了できるのではないだろうか。

10 | 現場起点のサービス工学とその展開

竹中　毅

《目標＆ポイント》　本章では，学術研究と産業界との橋渡しを目指す研究組織である産業技術総合研究所（以下，産総研）において行われてきたサービス工学研究の特徴と，サービスシステムの観測・分析・設計・適用技術を紹介する。実サービスを研究対象とする上で必要な技術や課題，サービスの価値の多面性について学習することを目標とする。
《キーワード》　サービスの最適設計ループ，ビッグデータ，サービスベンチマーキング

1. サービスに対する科学・工学的アプローチへの期待

　第1章で述べたように，米国では，サービスサイエンス（Service Science, Management and Engineering を略したもの）という新しい研究分野がIBMによって提唱され，2004年12月の全米競争力評議会では，今後のイノベーションにとって重要分野であると指摘された（Spohrer and Kwan 2009）。そこでの問題意識は，経済活動全体がますますサービス化していくことが予測されていたことと，当時，急激に発展していたインターネットを活用したサービスを産業競争力の源泉とするために，IT技術やデータ活用に精通した経営人材の育成の重要性であったと思われる。この提案を受け，その後，サービスサイエンスを学べるコースが米国の大学に次々と設立された（日髙 2006）。
　日本では，2006年7月に発表された経済成長戦略大綱において，サービス産業の生産性を抜本的に向上させることが最重要課題と位置付けら

れ，翌2007年5月にサービス産業生産性協議会が発足した。そのきっかけとなった一つは，OECDの報告書（OECD 2005）等によって示された日本のサービス産業の労働生産性上昇率の他国と比べた著しい低さであった（詳細は第1章を参照）。それらの報告を受け，同協議会では，それまで多くが「経験と勘」に頼ってきたと思われる日本のサービス業に対して，科学的・工学的アプローチの導入と人材育成が必要であることを指摘し，その中で「サービス工学」への大きな期待が示された。

　ところで，日本では，なぜ「サービス」に「工学」が必要という発想になったのだろうか？　その理由の一つとしては，それまでの日本の製造業の発展を支えた科学技術としての工学分野への期待が高かったことが当時の議論から伺われる。例えば，生産工学で培われた業務の最適化や生産工程の合理化・効率化のノウハウがサービス業では用いられていないのではないか，という指摘が多くあった。もちろん，サービスの研究を進めるためには，経済学や経営学を含む社会科学と心理学や教育学を含む人間科学の重要性も当時から指摘されてはいたが，事実として，日本の大学の工学分野に，サービス産業の支援に資するような研究分野が極めて少なかったことに対する反省と期待が含まれていたと思われる。

　そのような議論を経て，2008年に，経済産業省所管の研究機関である産総研にサービス工学研究センターが設立された。また，同年，経済産業省の研究開発委託事業として「サービス工学研究開発事業」が始まった（産業技術総合研究所報告書2010）。そこでのキャッチフレーズは前述の「経験と勘から科学的・工学的アプローチへ」であった。しかしながら，当時，飲食，小売，介護，大規模集客サービス等を対象に，実際にサービス工学研究に取り組み始めた筆者らは，サービス研究のさまざまな難しさにすぐに直面することになる。本章では，そのような経

験や社会的要請を踏まえ，サービス工学が何を研究課題とし，その後，どのような技術を開発してきたかを紹介する。

2. サービスの生産性と人間にとっての価値

　日本のサービス業の労働生産性が，製造業や他の先進国のサービス業と比べて低い理由は何か，という問いに答えるのは実は簡単ではない。労働生産性が低いということは，直接的には売上や付加価値に対しての労働投入量が高すぎることを意味している。実際，人口当たりのスーパーやコンビニ等の小売店，飲食店，美容室の数は，日本が他国に比べて非常に多い（もしくは過剰供給である）ことが指摘されているが，それが国民生活の豊かさや便利さにつながっている面もあるだろう。例えば 2011 年の New York Times 誌の記事では，さまざまな国を頻繁に訪れた経験を持つ約 400 名のアンケート結果から，日本のレストランのサービス品質は対象とした 24 カ国中 1 位であるにもかかわらずチップはいらないという内容が，驚きを持って伝えられた。一方で，先の OECD の調査では，当時，日本の飲食業の労働生産性は米国の半分以下と指摘されていた。それでは，なぜ日本のレストランは海外と比べて品質が高いにもかかわらず生産性が低いのだろうか？　日本のサービスは過剰でムダが多すぎるのだろうか？　おもてなしの文化を背景に，サービス品質に対する国民の期待レベルが高いことが一因なのだろうか？　もしくは市場競争が激しいために，サービスの価格が安く押さえられていることが主たる原因なのだろうか？

　サービス工学研究では，上記のような素朴な疑問と合わせて，科学・工学的に取り組むべき課題自体を明らかにすることもチャレンジとなった。そのため，まず，既存のさまざまなサービス産業において，業種特有の課題や共通する課題を見つけることから始めた。図 10-1 は，サー

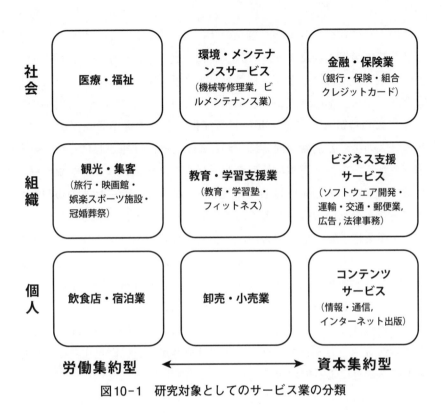

<table>
<tr><td rowspan="1">社会</td><td>医療・福祉</td><td>環境・メンテナンスサービス
（機械等修理業，ビルメンテナンス業）</td><td>金融・保険業
（銀行・保険・組合クレジットカード）</td></tr>
<tr><td>組織</td><td>観光・集客
（旅行・映画館・娯楽スポーツ施設・冠婚葬祭）</td><td>教育・学習支援業
（教育・学習塾・フィットネス）</td><td>ビジネス支援サービス
（ソフトウェア開発・運輸・交通・郵便業，広告，法律事務）</td></tr>
<tr><td>個人</td><td>飲食店・宿泊業</td><td>卸売・小売業</td><td>コンテンツサービス
（情報・通信，インターネット出版）</td></tr>
</table>

労働集約型 ←――――――――→ **資本集約型**

図10-1　研究対象としてのサービス業の分類

ビスの主な対象と労働集約性の高さからサービス産業を模式的に分類したものである。縦軸の対象については，主に一般消費者を対象とするものが一番下の層に，その上には，個人だけでなく対組織的なサービスも含むものを，一番上には，例えば，公共サービスや社会インフラの維持に関わるようなサービスを分配置した。また横軸は必ずしも明確ではないが，人（従業員）から人（顧客）へ直接サービスを届けるような労働集約的なサービスを一番左に，コンテンツやITなど複製可能なサービス業を資本集約型サービスとして右側に配置した。

　このように並べてみると，縦軸のサービスの対象にかかわらず，日本では，特に労働集約型のサービス（特に飲食，宿泊，小売，介護など）の労働生産性が低いことが指摘され，生産性向上の面からもこれらの産業がサービス工学の重点領域と位置付けられた。ところで，労働集約型サービスの特徴としては，サービス提供に多くの従業員を必要とし，サービスの生産と消費が同時に行われることや，在庫がしにくいことが挙げられる。一方，資本集約型のサービス（例えば，コンテンツサービスやソフトウェア開発，金融・保険サービス）は，サービスの複製が容易であり，少ない労働力で多くの人にサービスを提供できる。しかしながら，産業によっては，別の経済的制約も存在する。例えば，レストランや小売の価格は，もし市場で競争力があれば自由に決められるが，介護や医療などのサービスは，公共サービスとして価格が国によって決定されていることもある。したがって，例えば介護サービスで生産性を上げるためには，少ない労働投入量でサービスを効率的に遂行することが求められる。一方，レストランなどでは顧客が品質に満足すれば，価格を上げることによって生産性を高めることもできる。ただし，どちらのサービスにおいても，顧客満足の源泉には従業員のホスピタリティを含めた人間的な側面が多く含まれており，それを提供する従業員も，仕事のやりがいや適切な報酬が得られなければ働き手はいなくなり，サービス自体が成り立たなくなるだろう。つまり，多くのサービス業は，顧客や労働者を含めた生活者全体の生活基盤でもあり，生産性向上による経済的価値だけでなく，顧客満足，従業員満足を高めていくことが社会の持続性という面からも求められる。このことは，6章で示されたサービス・プロフィットチェーンの視点とも共通する視点である。

　このような議論を通して，サービス工学では，まず取り組むべき課題の整理やサービスの価値を明らかにすること自体もチャレンジとなっ

た。本章では，まず，サービス工学の基本的枠組みとして構築してきた
最適設計ループの考え方や，人間中心のサービス設計のコンセプト，
サービスの価値を多面的に理解するための評価指標の整備について紹介
する。

3. データ駆動型アプローチと最適設計ループ

　サービスに対する科学・工学的アプローチとは何か？　産総研ではさ
まざまな組織の研究者や産業界，政府機関等との議論を通して，サービ
スの生産性向上に資する新たな研究フレームワークとして，サービスの
「最適設計ループ」という考え方を提唱した（経済産業省技術ロード
マップ 2010,「サービス工学分野」, 蔵田 2011 を参照）。サービスの生
産性を高めるアプローチとしては，それまでにも消費者に着目したサー
ビスマーケティングの視点や，製造業で培われた生産管理技術の視点，
IT サービスで培われた情報アーキテクチャ（ユーザにわかりやすいプ
ロセス）の視点など，いくつかのアプローチがすでに存在していた。
サービス工学では，それらの発想とは一線を画し，顧客や従業員，経営
者を含むサービスシステムを人間中心の視点で捉えるとともに，客観
的データに基づき，既存のサービスを観測，分析し，再設計と現場適用
を通して，その改善効果を評価し続ける最適設計ループを提案した。

　図 10-2 に示すように，最適設計ループは，サービスの「観測」から
始まり，取得されたデータを「分析」することによってサービスの挙動
を理解し，計算可能なモデルを構築する。次に，そのモデルを用いたコ
ンピュータシミュレーション等を行うことによって，より望ましいサー
ビスを探索する。ただし，実際のサービス設計では，シミュレーション
結果がそのまま次のサービスになるケースは少なく，さまざまなステー
クホルダ（経営者や従業員，顧客など）との合意形成も必要なため，後

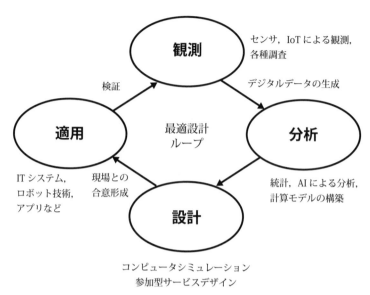

図10-2　サービスの最適設計ループ（第8章で示したものと基本的に同じだが，関連する技術を追加した）

に述べるユーザ参加型のサービスデザインの視点や方法論も重要である。最後に，（再）設計されたサービスを現場に適用するために，必要な技術（IT システムやロボット技術，アプリなど）を準備し，実装することになる。その際，サービス現場への新たな技術を導入するには，従来のサービス提供プロセスの変更が必要になるため，現場へ導入の意義を伝え，業務に支障がないかを現場と検討することが重要である。また，導入効果が客観的に検証できるように，適用を通して，確認すべき指標がデータとして取得できるような仕組みも考えておくことが重要である。そうして得られたデータをもとに次の最適設計ループが始まる。

　このように，最適設計ループの狙いは，従来，経験と勘に頼ってきた

と思われるサービス業における経営の意思決定を，事実（データ）に基づき，工学的に一般的なプロセス（観測・分析・設計・適用）毎に科学的方法論を用いて支援したいという学術側のメッセージでもあった。このような発想は，デジタル技術やデータを用いて，生活やビジネスをより良いものにしていこうという最近のデジタルトランスフォーメーションの思想（例えば，経済産業省における DX レポート 2019 などを参照）とつながる点もあると筆者らは考えている。

　しかしながら，実際に最適設計ループを回そうとすると，さまざまな難しさも見えてきた。本章では，観測，分析，設計，適用の各過程において，サービス工学が実際にどのような技術を開発してきたのかを紹介するとともに，そこでの課題を紹介する。

4. サービス工学の要素技術と課題

（1）観測技術

　まず対象を正しく観測するためにはさまざまなセンサや調査方法などの観測技術が必要になるが，特に，サービス研究ではその対象が人間であることが多い。サービス現場では顧客や従業員の行動の一部を観測することができても，背景にある意味や文脈，過去の経験に基づく知識などを知る機会は少ない。そこで，サービス工学では，より深く人間の行動や意思決定の意図や意味を明らかにするために，北島を中心に認知的クロノエスノグラフィーという手法を開発した（北島・内藤 2010）。この手法では，あるサービスにおいて重要性の高い特徴を持つ顧客をエリートモニターとして少数名選出し，彼らの行動を生体センサやカメラなどを用いて詳細に記録する。その後，自分の実際の行動を見ながらインタビュー（回顧的インタビュー）を行うことで，記憶の曖昧性を取り除き，その時，その場面での意思決定の背景にあった意図や意味を深く

理解することを目指す。この方法は，まずプロ野球の観客や温泉地訪問
者の観光行動などを対象に検証され，その後，筆者らはレストランの顧
客，従業員，双方の行動や意思決定を理解するための技術として活用し
た。**図10-3**は和食レストランで従業員の接客スキルの解明を目的とし
て行った行動計測と回顧式インタビューの様子である。対象とした和食
レストランには，経験を積んだ高い接客スキルを持つ従業員がいたが，
彼らの行動の背景にあるスキルや意思決定は暗黙的であり，それを他の
人に説明することは人間の記憶の曖昧さや認知構造の問題から容易では
なかった。そこで，我々はさまざまなタイプの顧客モニタの協力を得
て，普段と同じような飲食サービスの利用場面をカメラやマイク，ヘッ
ドセット等を用いて詳細に観測し，後に回顧式インタビューを行うこと
で従業員の優れた「気づき」の能力やスキルを理解することに取り組
んだ。

　また，従業員の普段の行動を定量的に取得することもサービス工学の

左図はサービス現場での観測，右図は回顧式インタビューの様子

図10-3　　レストランにおける認知的クロノエスノグラフィーによる行動観測

課題の一つであった。そこで，産総研の蔵田らの研究チームでは，歩行者推測航法（PDR）という技術と動作認識技術を組み合わせた小型の装着型センサを開発するとともに，いくつかのインフラ型センサと現場の 3D モデルを組み合わせることによって，従業員がどのように移動したかに加えて，どのような作業をしていたかも推測する技術群（PDR plus）を開発した（**図 10-4**，蔵田 2011 などを参照）。

　このように，顧客や従業員の行動の背景にある意図や，今まで客観的に観測されていなかった従業員の行動やスキルを観測するはサービス工学の特徴的な課題となった。そのような行動を知ることで，サービスの提供プロセス中でどこに改善すべき課題があるのか，または新たな技術の導入によって，顧客価値を高めるヒントがあるのか，ということを知るきっかけになる。

　最近ではウェアラブルセンサやスマートフォンの発展により，個人の行動を観測することはより身近なものになってきた。また，カメラを用いた画像認識技術の発展により，どの人物がどこにいたか，また先進的な例では，表情を読み取る技術も開発されている。一方で，どのようにプライバシーを守りながら観測されたデータを活用するかという点につ

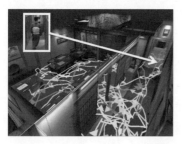
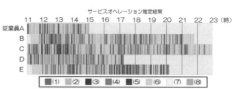

図10-4　行動認識技術

いては，現在大きな課題となっている。

（2）分析技術

　サービス工学研究が本格化した 2000 年代半ば頃には，POS（販売時点管理）システムなどを通して得られた購買履歴に関するビッグデータの活用が大きな話題となっていた。例えば，多くの小売店（スーパーマーケットや百貨店等）では，会員カードなどを用いて，顧客ごとの購買履歴情報が蓄積できるようになったが，自社で分析し，活用することは人材やスキルの面から難しい，という声が多かった。そこで，サービス工学では，例えば，スーパーマーケットや百貨店で取得された数十万人規模のデータを用いて，顧客行動を理解するための分析技術を開発してきた。そこでの問題意識は，顧客の多様性を理解しながら消費行動の意味をより深く分析することであった。

　図 10-5 に石垣ら（2011）が行ったスーパーマーケットの ID 付き POS データを用いた分析例を紹介する。この研究では約 4,000 名の顧客に，ライフスタイルをカテゴリ化するためのアンケート調査を行うとともに，同じ消費者の 1 年間の購買履歴情報を合わせて分析を行っている。購買行動分析では，潜在クラス分析という手法を用いて，購買傾向に基づく商品の類似性と顧客の類似性の双方を同時に考慮したいくつかの潜在商品カテゴリ（同時に顧客もあるカテゴリに属することになる）を計算モデルを用いて探索的に見つけた。潜在商品カテゴリにはいくつかの商品が含まれることになる。例えば，図 10-5 のカテゴリ 9 には高価格帯の野菜が多く含まれていた。それに加え，状況変数として，購買時の季節や時間帯などを考慮する作業も行われた。そのような分析を通していくつかの顧客のライフスタイルと潜在商品カテゴリとの関係性が分かってきた。例えば，先の商品カテゴリ 9 の商品はこだわり消費派の

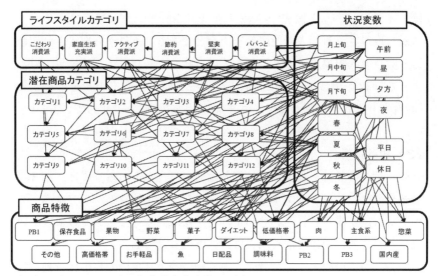

出所：石垣ら2011，人工知能学会論文誌26（6）D

図10-5　ベイジアンネットワークモデルを用いたスーパーマーケットにおける顧客の購買行動の分析例

顧客に良く買われていることが示唆された。さらにそのような結果をモデル化することで，例えば1万人の顧客を持つある店舗の購買履歴データから，それぞれのライフスタイルカテゴリの顧客がどのくらい含まれているか，ということをある程度，推定することも可能になった（小柴2013）。このように顧客行動をモデル化できるようになることは，スーパーマーケットの経営においては商品価値の理解や品揃え戦略に利用できるため，多様な顧客ニーズにより効率的に対応できる経営戦略を立案する上で有効な結果となるだろう。

　このようなビッグデータを用いた顧客行動の分析技術は，近年の人工知能技術の発展に伴って，さまざまな分野で研究が進んでいる。例え

ば，インターネット販売やSNSのテキスト分析，ウェアラブルデバイスから取得される個人の健康データなどである。そこから取得される数万〜数百万人規模のデータに対しては，新たな潜在カテゴリを見つけるような「教師なし学習」や，過去のデータから予測モデルを構築する「教師あり学習」に関わるさまざまな分析技術が日々進化している。

（3）設計技術

　サービスの設計を支援する技術とは何だろうか？　古くには，第3章で紹介されたサービスブループリンティングの手法など，モデルベースの設計方法が提案された。そのような手法は，サービスのプロセスや環境情報が事前に記述可能な場合には非常に有効である。

　一方，多くの顧客や従業員が，ある施設やエリア内で自由に行動を行うようなサービスを事前に設計することは非常に難しい。産総研では，そのようなサービスのプロセスをモデル化するために，マルチエージェントシミュレーションを用いた研究も行ってきた。これは，個々人を計算可能なエージェントで表現し，複数のエージェントがある環境で同時に意思決定を行ったり，他のエージェントや環境と相互作用したりする結果，全体としてどのような秩序形成が行われるか，ということをコンピュータ上でシミュレーションする手法である。詳細は省略するが，このような手法は例えば，集客施設における人の流れのシミュレーションや，最近では大規模な交通シミュレーションにも活用されている。

　ところで，サービスを対象とした設計技術は数理的なものだけではない。広くサービスを設計する行為をサービスデザインと呼ぶ場合，サービスデザインには，製品やサービスと人間とのインタラクションのデザイン（例えばNorman（1986）が提唱したUser Experienceの視点など）や，欧州の生産工学研究から始まった製品サービスシステム

(Goedkoop 1999) の視点も重要である。これは，現在では，IoT を起点とした製造業のサービス化を支援する上でも重要な概念である。

　最後に，サービスデザインの上でもう一つ重要な視点は Socio-Technical System（Trist et al. 1951）に起源をもつ参加型デザインの視点である。これは技術的システムと社会的システムが密接に関係していることを重視する視点で，北欧では，技術やシステムの開発に，ユーザや労働者が参加する「参加型デザイン」として成長した。このようなデザイン方法論はサービス工学においても重要であり，産総研では，例えば，さまざまな地域サービスの設計において，住民参加型のサービスデザインを市民らと進めている。また，ユーザとデザイナが長期的に関わり合いながらデザインを進める Living Lab の概念も近年，重要になっている（赤坂ら 2017）。

（4）適用技術

　サービスの現場への適用において用いられる技術には，情報可視化技術やロボット技術，サービスプラットフォーム上での情報のリコメンデーションやサービスと顧客のマッチング技術などさまざまなものが含まれる。ここで全てを紹介することはできないが，一例として，産総研では，介護ロボットや介護スタッフの支援技術を開発するとともに，それをどのように現場へ適用していくべきかについてのガイドラインの開発を行ってきた。高齢化によって介護者の人手不足が深刻な介護分野では，ロボット技術の導入が大きく期待されているが，その導入に関しては，被介護者へもたらす価値やその受容性に加えて，介護スタッフのサービス提供プロセスへの影響，介護施設の経営者にとってのコストとメリットなどさまざまな問題を多面的に評価しなければならない。

　そこで，産総研では，三輪らを中心に，介護サービスにおけるサービ

164

スプロセスやサービス品質の計測手法の開発を行った（三輪ら 2015）。具体的には，介護サービスにおける介護スタッフの行動分類を構築し，タイムスタディ法という目視による行動観察を支援する技術を開発することで，介護スタッフが提供したサービスのプロセス（介護サービスプロセス）を分析した（**図 10-6**）。このような研究成果は，今後，どのように介護を支援する適用技術を導入していくべきかを考えるための基礎データとなる。産総研ではこのような研究を通して，例えば「ロボット介護機器開発ガイドブック」の配布を 2018 年から行っている。

　前述のように，適用技術にはさまざまなものが含まれるが，最近では

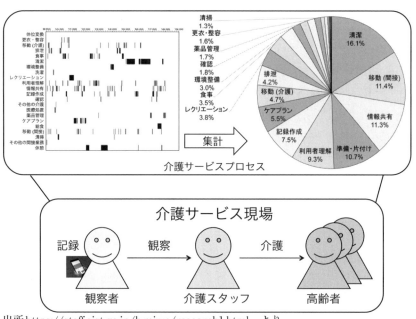

出所 https://staff.aist.go.jp/h.miwa/research1.html　より

図10-6　介護におけるサービスプロセスの計測と可視化

人間拡張技術への関心が高まっている。例えば産総研人間拡張研究センターでは,「拡張テレワーク」という概念を提案し,コロナ禍で一般的になったテレワークをさらに拡張するために,マルチモーダルインタフェースや拡張現実（AR）技術,アバター技術などさまざまな技術の検討を行っている。このような取り組みによって,例えば多くのサービス業における接客などを支援することで,従業員の仕事へのエンゲージメントや顧客満足を高めていこうと考えている。

5. サービスの価値の多面性と評価指標

　ここまでサービス工学の技術や適用例を最適設計ループに沿って紹介してきた。最後に,サービス工学を進める上で重要なサービスの評価指標について紹介したい。

　我々がふだん,サービスの価値を議論する際,少なくとも3つの違う側面（工学的価値,経済学的価値,心理学的価値）が含まれていることに気づく。例えば,ある水準の機能的価値をできるだけコストを安く提供したい,という視点は工学における効率性の視点である。一方,市場における価格や企業の利益を議論するのは経済学的（あるいは経営学,会計学的）な視点である。最後に,顧客や従業員にとっての人間的価値（行動的,認知的,あるいは感情的価値）を議論する場合には心理学的な視点が必要となる。

　サービス工学は「工学」という名前がついているが,上記3つの学術的視点からの価値の全てを考慮しなければならないことを強調しておきたい。また,データ駆動型のアプローチでサービスを研究対象とするためには,各評価指標の定義や計測方法が根拠のあるものであることが求められる。そのため,例えば,1章で紹介されたJCSI（日本版顧客満足度指数）のように,多くのケースを用いて標準化あるいは正規化され

た指標が望ましい。関連して，産総研では，あるコンサルティング企業とサービス業における従業員満足度指標の標準化に取り組み，これまでに延べ100万人以上の従業員満足度調査を行ってきた。このような標準化された従業員満足度指標と経営指標やJCSIなどの顧客満足度指標を合わせることで，例えば，ある産業の中で，それぞれの企業の強みや弱みを比較できるようになるサービスベンチマーキング（竹中2016）が可能となる。さらに，サービスの機能的，経済的，心理的価値の関係を分析していくことで，持続可能なサービスシステムを構築していくことを目指している。

《推奨する自習》

1．日本のサービス業が抱える課題や労働生産性について，経済産業省や日本生産性本部の資料やレポートをインターネットで調べてみよう。

2．関心のあるサービス業で，どのようなデジタルテクノロジーが着目されているか調べてみよう。その際，どのようなデータがサービスを改善するのに有効なのか考えてみよう。

3．人間の行動や心理に関するデータを収集し，活用する際には，プライバシーへの配慮やリスク管理が重要である。普段の生活で，あなたのどのような情報がデータとして，外部の機関で取得，活用されているか考えてみよう。

参考文献

Goedkoop, M. J., van Halen, C. J. G., te Riele, H. R. M. and Rommens, P. J. M. (1999). Product Service Systems: Ecological and Economic Basics, in: Report for Dutch Ministries of Environment (VROM) and Economic Affairs (EZ).

New York Times (2011). Where to get the world's best service, https://www.nytimes.com/2011/08/07/magazine/where-to-get-the-worlds-best-service.html

Norman, D.A. and Drapper, S. W. (eds.) (1986). User centered system design: New perspectives on human-computer interaction, CRC Press.

OECD (2005). OECD Compendium of Productivity Indicators, https://www.oecd.org/sdd/productivity-stats/37727582.pdf

Spohrer, J.C. and Kwan, S.K. (2009). Service Science, Management, Engineering, and Design (SSMED): An Emerging Discipline - Outline & References. International Journal of Information Systems in the Service Sector, 1(3), 1-31.

Trist, E. L. and Bamforth, K. W. (1951) Some social and psychological consequences of the Longwall method of coal-getting. Human Relations, 4(1), 3-38.

赤坂文弥, 木村篤信 (2017). サービスデザイン方法論としてのリビングラボ:事例調査に基づく方法論的特徴の分析とシステムアプローチからの論考. 感性工学, 15 (2), 87-92.

石垣 司, 竹中 毅, 本村陽一 (2011). 日常購買行動に関する大規模データの融合による顧客行動予測システム—実サービス支援のためのカテゴリマイニング技術". 人工知能学会論文誌, 26 (6), 670-681.

北島宗雄, 内藤 耕 (編著)(2010). 消費者行動の科学. 東京電機大学出版局.

蔵田武志 (2011). サービス工学の概要. 知能と情報, 23 (3), 269-275.

経済産業省 (2010). 技術戦略マップ2010, https://warp.da.ndl.go.jp/info:ndljp/pid/11241027/www.meti.go.jp/policy/economy/gijutsu_kakushin/kenkyu_kaihatu/str2010download.html

小柴 等, 石垣 司, 竹中 毅, 櫻井瑛一, 本村陽一 (2013). 行動履歴データとライフスタイル調査にもとづく顧客モデル構築技術. 電気学会論文誌C（電子・情

報・システム部門誌). 133 (9), 1787-1795.

産業技術総合研究所 (2010). 平成 21 年度 IT とサービスの融合による新市場創出促進事業 (サービス工学研究開発事業) 成果報告書.
https://unit.aist.go.jp/harc/cfsr/contents/meti-h21/meti-h21-report.pdf

竹中 毅, 錦織浩志, 渋谷行秀, 辻 秀敏 (2016). サービスベンチマーキングによるサービス・プロフィットチェーンの高度化に関する研究. サービス学会第 4 回国内大会講演論文集, 39-44.

日高一義 (2006). サービス・サイエンスの出現：サービス・サイエンスについての動向. 情報処理, 47(5), 467-472.

三輪洋靖, 渡辺健太郎, 福原知宏, 中島正人, 西村拓一 (2015). 介護プロセスの計測と記述. 日本機械学会論文集, 81(822), p.14-00207.

推奨する関連文献

赤松幹之, 新井民夫, 内藤耕, 村上輝康, 吉本一穂 (監修) (2012). サービス工学 —51 の技術と実践—. 朝倉書店.

本村陽一, 竹中 毅, 石垣司 (編著) (2012). サービス工学の技術—ビッグデータの活用と実践—. 東京電機大学出版局.

11 | サービスデザインと優れたサービスの国際規格

原　辰徳

《**目標＆ポイント**》　人間中心設計を背景に，顧客体験に重きを置いたサービスデザインの動向を理解する。また，サービスの標準化が果たす役割を理解するとともに，優れたサービスを生み出す組織能力とデザインに関する国際規格について学ぶ。

《**キーワード**》　人間中心設計，デザイン思考，顧客体験，カスタマージャーニー，サービスの標準化，サービスエクセレンス，カスタマーデライト

1. サービスデザイン

（1）人間中心設計とデザイン思考からみた動向

　サービスデザイン（Service design）とは，サービスをデザインすること，およびその手法・方法論の総称である。サービスのデザイン（design of service や designing service）ではなく連語になっていることから，一定の内容を想起させる用語であり，実務においても定着してきた。本書では，このデザインと設計の用語を，同義に扱っている。

　第1章と第3章で学んだサービスブループリンティング以降，サービスデザインは多様な学問・実践領域で取り扱われており，デザインの対象であるサービスについても各領域の関心に応じて異なる定義がなされている。第8章で述べたような，工学設計やシステム設計の方法を拡張してアプローチする方法も，サービスデザインのひとつである。

　その他，体験する主体である人の理解に重点を置いた，より実践的な

サービスデザインの動きには人間中心設計（Human-centered design: HCD，例えば JIS Z 8530: 2021）とデザイン思考（Design thinking，例えば Brown 2008）が大きな影響を与えてきた。実際，サービスデザインのツールの多くはこれらのものと共通している。サービスデザインでは，事業者や生活者の活動を観察したりそこに入り込んだりして得られた共感を元に，顧客体験（Customer experience）[1] を描き，問題解決の方法を設計していく。欧州ではサービスデザインが組織戦略・経営に及ぼす影響について研究が早くよりされてきたほか，特に北欧諸国と英国では，顧客企業，行政，NPO などとの協働により，医療，健康福祉サービスの改善等で成果が挙げられてきた。また，サービスデザインを利用者中心に捉えると，解決策そのものというよりも，サービスによる行動支援や行動変容のキーワードが浮かび上がる（例えば Sangiorgi 2011）。Design for behavior change と呼ばれる領域では，行動経済学などの知見を活用しながら，人々の日々の活動や行動習慣を変容し得るサービスをどのようにデザインするかに焦点が当てられている。欧州では主に公共政策的な観点で，米国では産業の観点での応用が進められてきた。また，サービスデザインに関連して，ソーシャルイノベーションなど市民参加のデザインとして，参加型デザインなどの手法の研究開発が進められてきた。さらに近年では，参加型デザインのアプローチの一環として，生活に根付いた場所（リビング）での実証実験の場（ラボ）であり，これを通じて提供者と利用者とが共に解決策を創り出す（共創）というリビングラボも注目を集めている。

　2010 年代に実務的な利用が特に拡大したこのようなサービスデザインでは，多くの教科書，ガイドブック，事例集がこれまでに出版・公開されており，民間のサービス開発に影響を与えている。さらには，行政サービスなど提供者の視点が強かった対象を利用者中心の構造へと転換

---

[1]　顧客がサービスなどを利用した際に生じる認識のこと。ユーザ体験（User experience）と呼ぶこともあるが，本書では同義として，顧客体験と表記する。

する際にも積極的に活用されるようになった（例えば，行政情報システム研究所 2018）。詳細は参考文献・関連文献に譲り，次項では 2 点だけ押さえておく。以降では，利用者についても顧客と統一表記する。

（2）サービスデザイン思考の原則とカスタマージャーニー

　よく知られたものとして，サービスデザイン思考の 6 原則 "人間中心"，"共働"，"反復"，"連続性"，"リアル"，"全体的な視点" がある（Stickdorn 2018）。これらの原則は，2011 年に出版された書籍（Stickdorn 2011）でまとめられた 5 原則を，2018 年に改訂したものである。元々の 5 原則は今でも使われているが，そこにあった共創が，サービスデザインの進め方に関する指針として "共働" と "反復" へと分解・具体化されている。その他はサービスの提供と受給に関わる人達とその体験をどのように捉えるべきかについての指針である。

　また，カスタマージャーニー（Customer journey）とは，顧客が商品やサービスを知り，購入，使用し，終了するまで一通りのプロセスにおける顧客体験のことである。このプロセスには，顧客の行動，思考，感情，商品やサービスとの接点など，顧客体験に関わる様々な要素が含まれる。サービスに関わるマーケティングとデザインの分野でよく使用され，サービスブループリントと並び，両分野を橋渡す意味でも重要な対象である。ただし，これ自体はあくまでも顧客体験に関する概念であり，いわゆるカスタマージャーニーマップと呼ばれる，グラフィカルな表記方法や書き方，およびツールとは別である点に注意されたい。

2.　標準化とサービス

　サービス分野におけるエクセレンス（優れた取り組み）の標準をつくる，と聞いて，読者の皆さんはどのような印象を持つであろうか。「優れた取り組みは個々の企業が独自の競争力を維持するためのもの」「顧

客ごとにその都度対応するしかない」「品質を追求しすぎるとコストが高くなってしまう」などの理由から，標準化に疑問を感じる人もいることであろう。

標準は，ネジに代表されるような製品の構造を規定し，合意するところから始まった。次に，例えば防水性能のように，構造ではなく製品の性能だけを標準化することで，互換性や取引合理性の他，取引の信頼を担保し，新市場の形成を担うようになった。その結果，標準は，企業対企業の取引に役立てられるようになり，企業体そのものの能力，信頼性を評価できると良い，ということになった。これらの組織的取り組みを測る尺度や基準は，結果に至る手続きが正しければ，結果も正しいはずである，という考え方に基づいたプロセス標準として捉えられる。ISO 9001 での品質マネジメントシステムがそれらの代表例である。こうした考え方により，製品を中心としてきた標準が，サービスにも展開できるようになった（持丸 2018）。

近年では，ISO（国際標準化機構）や JIS（日本産業規格）での標準化の対象は，サービスや社会システム（例えばスマートシティやシェアリングエコノミー）にも拡大してきている。これらは，ルール形成を通じた市場開拓・拡大やイノベーションの成果を社会実装する上で，標準化の戦略的な推進の重要性が増していることを意味する。例えば，2020 年に策定された国際標準 ISO 23412（温度管理保冷配送サービス）に関して，経済産業省の HP で以下の発表がなされている。

　"アジア諸国で需要が高まる小口保冷配送サービスにおいて，適切な温度管理を実現するための国際標準が発行されました。これにより，日本の物流事業者のサービスの質が適切に評価され，国際競争力が強化されるとともに，各国において市場の健全な育成と拡大に寄与することが期待されます"

　このように，サービスの標準化には，健全な市場育成と競争力向上の2つの意味があり，日本の産業が"技術で勝って仕組みで負けた"とならないためにも，その戦略的な活用が求められる。

3. サービスエクセレンス規格の経緯と重要概念

（1）サービスエクセレンス規格の位置づけ

　先述した ISO 23412 の様なサービスに関する標準・規格は ISO 全体からみれば未だ少数である。さらには，観光，物流，ICT サービスなどの特定の分野に依らないサービス全般を対象に，サービスの裏方業務やインフラだけでなく，顧客との関わりも扱う区分の標準・規格は非常に少ない（Weissinger 2019）とされる。本節で紹介する優れたサービスの国際規格（サービスエクセレンス規格）[2] は，この区分に該当する。

　2021 年 6 月に ISO 23592 と ISO/TS 24082 が，11 月には JIS Y 23592と JIS Y 24082 も発行された。これらの規格は，卓越した顧客体験を通じて顧客ロイヤルティを高めていくための，組織能力のマネジメントと設計活動（デザイン）に関するハイレベルな推奨事項をまとめている。このようにマネジメントとデザインがセットになっている点は，1 節の（1）で述べたように，サービスデザインの実践において組織変革が重要になってきていることにも通ずる。また，ハイレベルな推奨事項であるから，サービスの多様性や競争力を阻害するものでなく，各組織でサービスを磨き上げ，正当に評価していくための共通理解と目標である。

（2）欧州で進められてきたサービスエクセレンスの標準化

　サービスエクセレンスとは，卓越した顧客体験の創出を可能とする"サービス提供組織の卓越性"である。欧州では 2010 年代に，このサービス提供組織の卓越性を"組織能力"として捉えたサービスエクセレン

2　標準と規格は一般に同じ意味で使われるが，厳密には，紹介する ISO/TS 24082は国際標準の前段階の TS（技術仕様書）であるため，規格と総称する。

スの認知が産業界で大きく進み，様々な規格化がなされていった。ドイツでは 2011 年に DIN SPEC 77224 が発行され，2015 年には欧州規格として CEN/TS 16880 が発行された。そして，ドイツからの提案でサービスエクセレンスの国際標準を開発する専門委員会 ISO/TC 312 "Excellence in service" が 2017 年に設置され，現在に至っている。

（3）カスタマーデライトとサービスエクセレンスピラミッド

　昨今では顧客満足度の向上は一般的な事業目標になったが，それだけでは顧客ロイヤルティの向上や顧客維持には必ずしもつながらないと言われている。顧客ロイヤルティを高め，ファンを増やし，再利用意向や他者への推奨などの長期的効果を手にするには，卓越した顧客体験を通じて顧客のポジティブな感情を引き出し，強い印象を与えていくことが重要とされる。カスタマーデライト（Customer delight）（Oliver et al. 1997）とはこうした目標の質的転換を示したものであり，顧客満足と対比して述べられる。例えばフォルクスワーゲン・グループは，2016 年 6 月に発表した経営戦略 "Together ― Strategy 2025" の中で，従来の経営戦略の目標にあった "顧客満足と品質で世界をリード" を，カスタマーデライトに近い "わくわくした顧客" に置き換えた。

　図 11-1 中央はサービスエクセレンスピラミッドと呼ばれるものであり，その周囲に，サービス提供者と顧客の立場での表現を付け加えた。ISO 9001（品質マネジメントシステム）や ISO/IEC 20000-1（IT サービスマネジメントシステム）が対象とするようなレベル 1，レベル 2 と顧客満足を基盤として，サービスエクセレンスではレベル 3 とレベル 4 の実現によってカスタマーデライトを目指す。カスタマーデライト[3] は "とても大切にされている" あるいは "期待以上" という顧客の知覚から引き起こされる，うれしい，楽しいなどの様々なポジティブで "快

3　製品企画で用いられる狩野モデルの魅力的品質が時々引き合いに出される。魅力的品質とは「なくても不満はないが，あるとうれしい品質要素」であり，これを新機能の追加に限らず，顧客対応全般での差別化要因として捉えれば良い。

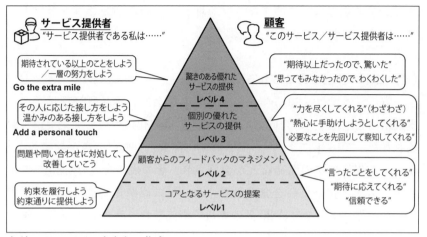

出所：JIS Y 23592をもとに作成

図11-1　サービスエクセレンスピラミッドとその理解

い”感情である。そして，レベル3“個別の優れたサービスの提供”と
レベル4“驚きのある優れたサービスの提供”それぞれがもたらす卓越し
た顧客体験を通じて実現される。レベル3が少しわかりづらいが，**図11-1**
右にある顧客の感じ方のように，第4章で学んだSERVQUALのサービス
品質の因子のうち，特に共感性に関連したものと捉えるとわかりやすい。

　第1章で紹介したJCSI（日本版顧客満足度指数）の調査においても，
満足度を中心とした6指標の他に感情指標（感動指標）の設問が設けら
れており，顧客満足とカスタマーデライトの概念が区別されている。

　このように，「顧客満足の次のターゲットはカスタマーデライトだ」
となるが，その重要性の認識と実現との間には大きなギャップがある。
ISO/TC312の議長の研究グループらが行った2016年の調査結果によれ
ば，「デライトはとても重要」と認識する企業は70％を超えた一方，と
てもよく実現できていると応えた企業は約10％であった。サービスエ

クセレンス規格は，このギャップを埋めるために必要なコンセプト，ツールおよびガイドラインを提供する。

（4）日本の参画と寄せられる期待

　一方，日本では，2015 年からサービス学会，日本品質管理学会，日本規格協会（JSA）の合同で，サービスの標準化について意見交換が開始された。2016 年には，サービスの Q（品質）計画研究会が設置され，サービス規格原案の開発などが実施され，その成果を受け，2017 年にサービス標準化委員会を発足した。サービス標準化委員会は，関係省庁，産業界，学会など約 20 名の委員で構成され，サービスの Q 計画研究会が提案する規格の審議を行ってきた。これら国内の動きは ISO/TC 312 の設置よりも前にあたる。審議後に策定した JSA 規格（JSA-S 1002）など日本独自の成果も踏まえつつ，国際標準化と足並みを揃えるために，日本も ISO/TC 312 に参画した。参画する上での日本の戦略は，ドイツが先導するサービスエクセレンスの国際標準づくりにおいて，設計に関するイニシアティブをとること，また第 7 章と第 9 章でも述べた価値共創の枠組みを反映させていくこと，の 2 点であった。

　JIS Y 23592 と JIS Y 24082 の公告（経済産業省 2021）には次のようにあり，サービス業の国際競争力の他，製造業が手がけるサービス事業への活用の期待も述べられている。

　　「昨今のデジタル化の進展により，いまやサービスというものは国境を越えて提供されるようになりました。」「いまやサービスは対人業に限らず，製造業であっても欠くことができません。本 JIS を活用して，顧客が "また利用したい"，"誰かにお勧めしたい" と感じるような製品やサービスを提供することで，市場での成功，組織の持続的な発展が期待できます。」

　製造業のサービス化は，サービス事業（市場提供物）の更新のみならず，組織変革を伴う組織的・包括的な取り組みである。その意味でも，サービスエクセレンス規格を活用できる余地は多いにある。

　なお，ISO 23592 は認証規格ではない。前身の DIN SPEC 77224 と CEN/TS 16880 のように今後の改定のタイミングで認証制度が設けられる可能性もあるが，現時点ではセルフチェックや研鑽の用途が主である。今後は，研修などの規格活用支援の充実とともに，日本のサービスの関連施策との連携が期待される。そこでは，大企業に限らず，中小企業においても部分的に活用できるなど裾野の広い展開が求められよう。

（5）人工知能（AI）とサービス

　AI は今後のイノベーションの源である一方で，人々の雇用を脅かすともいわれる。人や AI を問わず，サービスのタスクに必要な知能（スキル）は例えば，①機械的（定期的な反復タスクを自動的に実行する），②分析的（問題解決のために情報を処理し学習する），③直感的（創造的に考え，新しい状況に効果的に適応する），④共感的（他者の感情を理解し，適切に対応し，影響を与える）に分類される[4]。Huang（2018）は，AI が①の次に②を多く獲得しタスクを担うようになると，サービス従業員にとっての②の相対的重要性が低下し，より柔らかな③④の重要性がより増すことを模式化して示した。さらにはその後も，③④は対人サービス職において永続的な比較優位であることを示唆した。

　図 11-1 でいえば，③④はともにレベル 3 とレベル 4 の達成に寄与する（③は洞察に基づく個別対応に寄与）。サービスエクセレンス規格は，人と AI とが協調し目指すべき優れたサービスの実現形態とともに，人によるサービス提供が残る上での方向性を示しているといえる。

---

[4]　コールセンターのタスクでいえば，①顧客の簡単な問題に対して台本で応対する，②顧客の問題を分析する，③顧客が不満をいう理由（文脈）を理解する，④顧客に共感する（顧客を落ち着かせる），など。②は弱い AI，③は強い AI に区分されている。

4. ISO 23592：サービスエクセレンスの基本規格

　ISO 23592 にあるサービスエクセレンスモデル（**図11-2**）では，カスタマーデライトにつながる組織能力の源として，4つの側面と9つの要素が提示されている。4つの側面は以下の通りである。

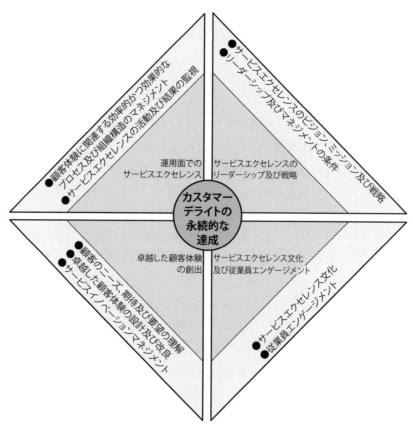

出所：JIS Y 23592をもとに作成

図11-2　組織能力の多面的な理解を記したサービスエクセレンスモデル

● サービスエクセレンスのリーダーシップ及び戦略

● サービスエクセレンス文化及び従業員エンゲージメント

● 卓越した顧客体験の創出

● 運用面でのサービスエクセレンス

　規格の読者は，各要素にて定められた推奨事項と取り組み例を参照することで，カスタマーデライト実現のための効果的な方策を体系的・組織的に検討することが可能になる。

　実のところ，日本で日常的に使われる"顧客満足"は非常に幅があり，顧客満足と ISO 9001 の名の下で極めてレベルの高い取り組みをし，実質的にカスタマーデライトを目指している企業も多数ある。ここで重要なことは，自分たちが行っている様々な取り組みを棚卸し，それが顧客満足の確保に向けたものなのか，あるいはレベル 3 やレベル 4 がいうようなカスタマーデライトを達成しようとするものなのかを整理してみることである。JIS Y 23592 はこの整理を行う上で役立つし，そうすれば次にどこを伸ばすべきかという強化ポイントもみえてくる。全部の要素に対してではなくとも良いので，これらをもとに組織を見直し，変化させ，組織能力を高めてもらいたい。

　サービスエクセレンスは現場起点での顧客対応改善をもとにしたボトムアップ型というより，第一義にはリーダーシップが重要なトップダウン型のアプローチである。モデルの要素間に順序関係はないが，リーダーシップをもって，サービスエクセレンスのビジョン，ミッション，戦略を示すことがまず欠かせない。前身の規格での事例になるが，欧州では，ドイツの金融サービス会社 TeamBank が，DIN SPEC 77224 をモデルに用いてトップマネジメントによる組織変革に成功している。彼らはサービスエクセレンスとカスタマーデライトが長期的なビジネスの成功にとって最も重要な指標であることを強調し，また「サービスエク

セレンスによって，デジタルの未来と今後の競争の課題に向けて，よい
出発点に立つことができた」と述べている。

5. ISO/TS 24082：エクセレントサービスの設計規格

　本規格は，サービスエクセレンスモデルにある"卓越した顧客体験の
創出"に関わる設計活動を中心に構成したものであり，日本がコンビー
ナ（主査）を務めるWG2で策定した。**図11-1**の構造にしたがえば，
本規格の対象は，レベル3とレベル4という，カスタマーデライトにつ
ながる上部分を実現するための設計活動であり，これをエクセレント
サービス[5]のための設計（Design for excellent service: DfES）と呼ん
でいる。そのため，1節で述べた一般的なサービスデザインとは区別さ
れる特化した方法論としており，新たな追加原則として，"感情面"，
"適応的"，"顧客との共創性"，"組織と顧客の視点との整合性"の4つ
を提示している。その上で，**図11-3**中央に示す5つの設計活動（DfES
活動）を，各企業での設計開発プロジェクトやサービスデザインの方法
に組み込んでいくことを推奨している。
　"顧客に対する理解及び共感"と"設計課題及び独自の価値提案の明
確化"では，従来のサービスデザイン以上に，顧客のポジティブな感情
に焦点をあてた顧客体験の理解と問題設定が重要になる。
　"顧客接点及びデータポイントによる卓越した顧客体験の設計"は，
いわゆるカスタマージャーニーやサービスの提供プロセスを描く活動で
あるが，顧客接点（タッチポイント）に並ぶものとして，データ取得点
（データポイント）を設計対象として明示している。これからの優れた
サービス設計において，サービスの個別化や改善につながるデータの収
集・蓄積・利活用を予め考えておくことは必須事項である。

---

[5]　レベル3とレベル4を伴うサービスのことで，ここでは"優れたサービス"位に
捉えてもらえれば良い。

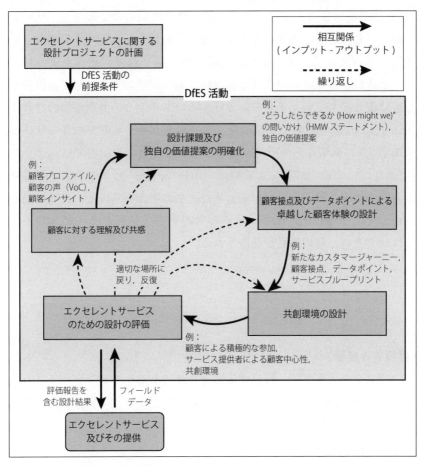

出所：JIS Y 24082をもとに作成

図11-3　エクセレントサービスのための設計活動

　"共創環境の設計"では，価値共創を偶然に頼るのではなく，サービス提供者と顧客との共創を促進する環境を準備し，可能性を高めていくことを述べている。第1章冒頭，第7章，第9章でも述べたように，サービスによって生み出される価値は，顧客が協力・参加して提供者とともに創り出していく（共創する）ものである。この共創環境の設計はISO/TS 24082の開発を主導した日本提案のハイライトであり，サービス工学2.0に基づくメッセージでもある。本規格の附属書では，より具体的に，"てこの原理"による機構を用いて，サービス提供者と顧客間の共創の効果を模式化している。また，この考えを基にした発展研究も行われており（Hara 2022），サービスの標準化活動とサービスサイエンス研究との一層の連動が期待される。

《推奨する自習》

1．インターネットで，推奨する関連文献にあるサービスデザインの報告書などを読み，どのような事例に対してどのような取り組みがなされているか，調べてみよう。

2．インターネットで，さまざまな企業のビジョン，ミッション，経営目標を調べて，サービスエクセレンス規格が目指すような目標を掲げている企業をみつけよう（カスタマーデライト，卓越した顧客体験，顧客ロイヤルティ，喜び・感動・驚きなどのポジティブな感情，など）。

3．インターネットで，おもてなし規格認証のHPにおいて公開されているセルフチェックシートに目を通し，日々の業務の診断項目とし

て，どのような観点がどう含まれているか，理解を深めてみよう。

参考文献

Brown, T. (2008). Design Thinking. Harvard Business Review, 86: 6, 84‑92, 141.

Hara, T., Tsuru, S. and Yasui, S. (2022). A Mathematical Model of Value Co-creation Dynamics using a Leverage Mechanism. Sustainability, Vol.14, No.11, 6531.

Huang, M. H. and Rust, R.T. (2018). Artificial Intelligence in Service. Journal of Service Research, Vol.21, No.2, pp.155–172.

ISO 23592 Service excellence‑Principles and model.

ISO/TS 24082 Service excellence‑Designing excellent service to achieve outstanding customer experiences.

JIS Y 23592：2021 サービスエクセレンス—原則及びモデル

JIS Y 24082：2021 サービスエクセレンス—卓越した顧客体験を実現するためのエクセレントサービスの設計

JIS Z 8530：2021 人間工学—人とシステムとのインタラクション—インタラクティブシステムの人間中心設計

JSA‑S1002：2019 エクセレントサービスのための規格開発の指針

Oliver, R. L., Rust, R. T. and Varki, S. (1997). Customer Delight: Foundations, Findings, and Managerial Insight. Journal of Retailing, Vol.73, No.3, pp.311–336.

Sangiorgi, D. (2011). Transformative Services and Transformation Design. International Journal of Design, Vol.5, No.2, pp.29‑40.

Stickdorn, M. and Schneider, J. (2011). This is Service Design Thinking: Basics, Tools, Cases. BIS.

Stickdorn, M., Hormess, M. E., Lawrence A. and Schneider, J. (2018). This Is Service Design Doing: Applying Service Design Thinking in the Real World. O'Reilly Media.

Weissinger, R. (2019). Methods to determine needs for service standards. the proceedings of 24th EURADS Annual Standardization Conference: Standards for a Bio‑Based Economy, pp. 467‑484.（日本語翻訳：https://webdesk.jsa.or.jp/pdf/dev/md_4821.pdf）.

一般社団法人 行政情報システム研究所（2018）．行政におけるサービスデザイン推進に関する調査研究 報告書.

経済産業省（2021）．サービスエクセレンスに関する JIS 制定―顧客の喜び・感動につながるサービス提供を目指して―.

持丸 正明（2018）．サービス標準化 世界の現状と日本の課題～連載第 1 回 サービス標準の活性化と JIS 改正．アイソス，No.251（2018 年 10 月号）.

推奨する関連文献

安藤昌也（2016）．UX デザインの教科書．丸善出版.

小野譲司，小川孔補，森川秀樹（2021）．サービスエクセレンス：CSI 診断による顧客経験［CX］の可視化．生産性出版.

経済産業省（2020）．サービスデザインをはじめるために―サービスイノベーションを加速するサービスデザイン入門．（https://www.meti.go.jp/press/2020/04/20200420002/20200420002.html）

武山政直（2017）．サービスデザインの教科書：共創するビジネスのつくりかた．NTT 出版.

水流聡子，原 辰徳，安井清一，ISO/TC 312 サービスエクセレンス 国内審議委員会（監修）（2022）．サービスエクセレンス規格の解説と実践ポイント―ISO 23592（JIS Y 23592）：2021/ISO/TS 24082（JIS Y 24082）：2021．日本規格協会.

マーク・スティックドーン，アダム・ローレンス，マーカス・ホームズ，ヤコブ・シュナイダー，安藤貴子（翻訳），白川部君江（翻訳），長谷川敦士（監修）（2020）．This is Service Design Doing サービスデザインの実践．ビー・エヌ・エヌ新社.

12 | サービスシステムと価値共創のメカニズム

原　辰徳

《**目標＆ポイント**》　第8章と第9章の内容を発展させ，種類の異なる複数サービスの協働を捉える方法を学ぶ。ここから，設計の仕組みを取り入れたサービスシステムと価値共創のメカニズムを学ぶ。これらを通じて，AI・データ利活用により進展するサービスと共創の基盤となる考えを理解する。
《**キーワード**》　顧客体験のサイクル，使用と設計の統合サイクル，サービスシステム，価値共創，設計パターン，モデル駆動型

1. 誰のために何をしているか（旅行者の観光プランニングを例に）

　情報通信技術（ICT）とデジタル化の進展により，従来は個別に完結していたサービスが相互に関連し合うようになった。ある目的を達成する一連の顧客体験（カスタマージャーニー）においても，さまざまなサービスが介在している。そこで，サービス工学 1.0 と 2.0 の考えを組み合わせ，"製品的特性"と"サービス的特性"が強いサービスとそれらのつくり方を協働させることで，身の回りを囲むサービスシステムを描き出すことを目指す（Hara 2013, 2014, 原 2014, 2015 など）。第9章に引き続き，旅行者による観光プランニングを例にして考える。

（1）個人旅行者による旅行体験の基本サイクル（原形）
　出発点として，第9章1節（3）で述べた個人旅行者による旅行体験

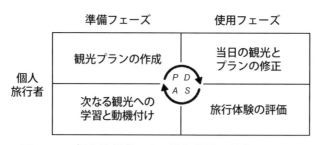

図12-1　個人旅行者による旅行体験の基本サイクル

を，何かしらの行動サイクルとして捉えてみよう。本書では，PDCA
サイクルとして捉えるが，入念な評価と学習の必要性を強調するため，
PDSA（Plan-Do-Study-Act）と呼ばれる形態（Deming 1991）を用
いる。つまり，PDCA の C（Check）が S（Study）に置き換わってい
る。図12-1 に示すこのサイクルは個人旅行者の視点で書かれており，
この段階ではサービス提供者は介在しない。ここで，Plan と Act を併
せて準備フェーズ，Do と Study を併せて使用フェーズと便宜上呼ぶ。

　以降では，このサイクルを構成単位として捉え，「誰かのために何か
をしてあげること」というサービス行為の観点で変形させていく。

（2）旅行会社が観光プランニングを支援するサイクル

　同じく第9章1節（3）で紹介したプロジェクトの序盤では，訪日旅
行者の行動調査で得られた知見（例えば観光行動の類型）を，旅行者の
利便性向上や顧客満足度向上に向け，二種類の方法で活用した。ひとつ
の方法は，旅行会社によるパッケージツアーの企画支援であり，次の
（3）で言及する。もう一つの方法が，個人旅行者による観光プランニン
グの支援に活かすことであり，これに関連して CT-Planner と呼ぶセ
ルフプランニングツールを紹介した。

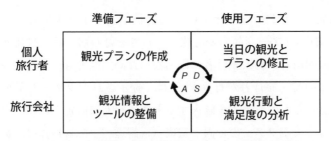

図12-2　旅行会社が整備する観光情報を利用した旅行体験のサイクル

　旅行者にとって，土地勘の無い場所に対して，自分の興味や嗜好に応じた納得のいく観光プランを立てることは容易ではない。そのため，**図12-1** の下半分に手を加え，個人旅行者による Plan の前段を支援する形態を**図12-2** に示す。すなわち，旅行会社が観光情報とツールを整備し，個人旅行者はそれらを用いてセルフプランニングを行う。また，旅行会社は可能な限り観光行動や満足度のデータを収集・分析し，次に活かしていく。これは，旅行者の能動的な取り組みを活かしながら個別ニーズに対応していくサービス工学 2.0 のアプローチであり，適応型価値を実現するサイクルである（第9章2節（1）を参照）。

　先述の行動調査が「調査のための調査」であったのに対して，CT-Planner による仕組みは「サービス提供を通じた持続的な調査と情報循環」に活かされていた。こうして得られるさまざまなデータを，旅行会社，観光事業者，自治体間で蓄積・共有していくことで，絶えず変化する旅行者のニーズやトレンドの汲みとりと，提供者サイドからの一方的な思考では見逃してしまう隠れた観光資源の発見などを期待できる。

（3）旅行会社がツアー商品をつくりこむサイクル
　旅行会社の役割をもう一歩進めて，大衆向けパッケージツアー（募集

型企画旅行，単にツアーと表記）を提供するサイクルを考えてみよう（図12-3）。ツアー商品の安心感・手軽さを好む層や状況は確かに存在し，その利用者は個人旅行者に限らないため，図でも旅行者と表記している。この時，旅行者が行う Plan は，提示されたツアー商品の中から自分に適したものを選択・購入するという行為に限定される。そして，旅行会社によるツアーの企画と造成（＝調達・手配）自体は，旅行者の Plan に向けて行われる活動として位置づけている点に注意してほしい（ここでは Act）。筆者のプロジェクトでは，このツアーの企画・造成と工業製品の設計・生産活動との共通点に注目し，ツアーバリエーションの創出技術，同時催行性の評価技術，および旅行者―旅行会社―観光事業者の3者視点での価値評価技術などの研究も行った[1]。これは第8章で述べたサービス工学 1.0 のアプローチであり，まさに "つくりこむ" ことによって提供型価値を実現するサイクルである。

（4）旅行者コミュニティの力を活用したサイクル

図12-1の原形に戻り，ある旅行者の観光行動や体験に関する情報が，コミュニティ内で共有されることを考えてみよう（図12-4）。ス

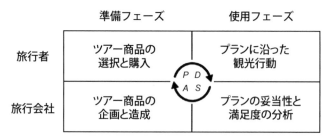

図12-3　旅行会社によるツアー商品を利用した旅行体験のサイクル

1　日本語での公開情報としては，プロジェクト最終報告書を参照されたい。
https://www.jst.go.jp/ristex/funding/files/JST_1115120_10102696_hara_ER.pdf

図12-4　旅行者コミュニティと関わりを持った旅行体験のサイクル

マートフォンの普及以降，旅行に特化した SNS の他，一般的な SNS においても旅行関連の投稿が積極的に行われている。他の旅行者がそこでの情報に触れることで，旅行需要の喚起やアイデア発想がなされる可能性が高まる。例えば，口コミサイトの代表例である TripAdvisor 上で他者の旅行体験から学び，観光プランを学ぶ（まねぶ）行為は，自身の旅の目的をその体験に適合させるという動機付けであり，適応型価値の創出に関わる（**図 12-4a**）。より深く，Trippiece（トリッピース）という Web サービスにみられるような旅行者によるツアーコンセプトの共同作成などでは，旅行者間のインタラクションそのものが動機付けに寄与し，共創型価値を創出している（**図 12-4b**）。

2. サービス工学 1.0 と 2.0 の協働

（1）旅行体験を中心に据えたサイクルの統合

　図 12-5 は，これまで紹介した 4 種類のサイクル（**図 12-2〜図 12-4ab**）をつなげ，統合したものである。本図では，旅行者の旅行体験の中核にあたる要素が図中央に位置し，それが全てのサイクルで共有されている点が特徴である。ただし，共通化させている分，各サイクルでの

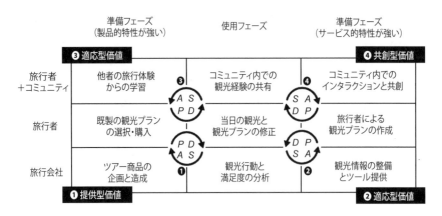

図12-5　旅行体験に関わるさまざまな観光情報サービスの統合サイクル

Do の違いまでは表せず，一般的な表記になっている。また，**図12-2**
と**図12-4**（a）（b）のサイクルは，上下左右に反転するなどして配置さ
れていることに注意されたい。

　これにより，旅行者を起点とした観光情報サービスを取り囲むさまざ
まなサービスと，それらの協働の様子を俯瞰できる。改めて説明する
と，**図12-5**左下①にはパッケージツアーの造成と利用に関するサイク
ルが，右下②には旅行会社[2]が個人旅行者によるプランニングを支援す
るサイクルが記されている。図上部には，旅行者コミュニティ内での相
互作用を含んだサイクルが記されており，相互作用の度合いの強さに応
じて，左右2種類のサイクルに分かれている（③と④）。すなわち，左
側の準備フェーズは，旅行会社あるいは他の旅行者によって準備された
知識や観光プランをほぼそのまま選択することから，製品的特性が強
い。一方，右側の準備フェーズは，旅行会社あるいは旅行者コミュニ
ティの力は借りるものの，旅行者自身が観光プランを組み立て，決定を

2　これまでの議論から旅行会社と表記しているが，観光事業者や地域など，旅行
者に対してサービス提供を行う主体として広く理解いただきたい。

する。その意味で，サービス的特性が強いと考えることができる。そして，それぞれに応じて，提供型価値，適応型価値，共創型価値のラベルを示している。

（2）ユーザ体験を中心とした使用と設計の統合サイクル

　図12-5 の内容を一般化したものを**図12-6** に示す。旅行者をユーザに，旅行会社を提供者に，そして図中央の旅行体験を「サービスの使用を通じたユーザ経験」に置き換えている。②と④のようにサービス利用者が主体となるサイクルを含むため，顧客ではなくユーザの表記を用いている。図中央以外の活動も，第9章2節（2）で述べた使用と設計の捉え方に基づいて表記を一般化している。①と②で提供者が行う設計行為に対してはフル設計とオープン設計という呼び方をしている。

　本統合サイクルを設計の観点で説明しなおしてみると，提供者が事前にサービスをつくりこむ設計（左下①），ユーザが自身の状況に応じてサービスの使用方法を構成する設計（右下②），ユーザが他者の経験から学び自身の目的を適合させる設計（左上③），およびコミュニティ内での活発な相互作用を通じて新たな価値を共に模索する設計（右上④），である。そして，各サイクルで生み出される情報やデータは，他のサイクルでも活用される。このように，本統合サイクルは，サービス工学1.0 と 2.0 の両アプローチからサービスシステムの青写真を捉えるものであり[3]，多様なニーズに応えるための設計アプローチの協働方法や情報循環を理解する上で役立つ。

（3）現状分析ツールと設計ツール

　筆者は本統合サイクルを用いて，さまざまな事例分析と設計を行ってきた。**図12-5** の観光の例では全ての箇所が埋められていたが，事例を

---

[3]　第7章の用語でいえば，提供者とユーザによる資源統合とそれらの構成を，主に設計の観点から捉えたものである。

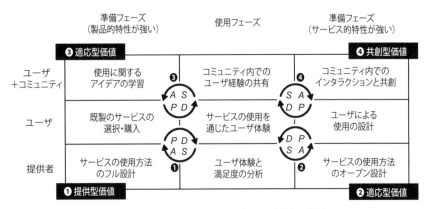

図12-6　ユーザ体験を中心とした使用と設計の統合サイクル

実際に書いていくと，該当する活動がない，つまり空白となる箇所が多々あり得る。これは現状分析のツールの使い方として間違っていない。そして，空白箇所が示唆する新たな活動の可能性を，半ば強制的に整理・発想することで，設計や改善のためのツールとして使うこともできる。この時，サイクルが完備されることによるデータや知識の蓄積を基にした設計方法の変革に同時に取り組むことができれば，より大きな効果を期待できる。

（4）製造業製品の使用に関わる複数サービスの協働例

　図12-5の例では，観光プランという同一コンテンツの提供・使用・設計形態の違いを表していた。この他，本統合サイクルの使い方として，複数コンテンツの提供・使用・設計形態の協働を示すような使い方もある。例えば，adidasが手がけた製品とサービス事業の協働をみてみよう[4]。adidasはスニーカーなどスポーツ関連商品を製造・販売して

---

[4]　adidasによるRuntasticの買収に伴い，miCoach そのものは2018年末にサービスを終了し，同様の機能は現在Runtasticで提供されている。また，残念ながらRUNBASEも2020年9月に閉店したが，10年近く続いたサービスであるため，図12-6の統合サイクルを理解する上での好例として紹介している。

いる。これは提供者が事前につくりこむ設計であり、提供型価値の実現によって、ランニング需要に応える（左下①）。2013年から提供していたスマートフォンアプリmiCoachでは、スマートフォンのGPS機能を用いてランニングのログを記録し、ランニング後の分析やコース選定などのサービスを提供することで、ランナーとの継続的な関係を構築する。また、ユーザ主体での習慣の作成と継続、およびユーザの状況に応じたコーチングという点から、適応型価値を実現している（右下②）。さらにRUNBASEというロッカールームやシャワールームを備えたランナー向け施設を提供し、例えば通勤前後のランニングをサポートすると同時に、コミュニティ間でのランニングやシューズの体験に関する情報交換の他（左上③）、ランニングイベントの企画と参加などの共創が行われていた（右上④）。

　そして、中央に置かれるランニング体験によってこれらがつながり、さまざまなランニング情報を循環させながら協働し合うことで、ランニング習慣の継続、シューズの新たな需要創出、友人の紹介による新規顧客の開拓などの効果をもたらし得る。こうした一連の協働によって、スポーツ用品の製造・販売中心の従来型事業だけでは得られないさまざまな効果が生じていたと考察できる。このように、本統合サイクルで扱う複数コンテンツを目的に応じて取捨選択していくことで、製造業製品に関わるサービスの分析と設計に役立てることができる。

3. サービスシステムと価値共創

（1）設計の仕組みを含んだサービスシステム

　第9章で日本学術会議のサービス学の参照基準におけるサービス定義を述べたが、その定義の後ろには「サービスは人間を含むシステムにおいて持続的かつダイナミックに生産・提供・消費される」と続く。定義

194

内にシステムと明記されており，またそれが「持続的かつダイナミック」に動作・維持されるという点が特徴である。サービスサイエンス（Service Science, Management, and Engineering：SSME）も，初期の議論において"サービスシステムの科学"といわれてきた（木嶋2014）。そして，第7章で述べたように，サービス・ドミナントロジックの展開もサービスシステムの論点に接近してきた（Vargo 2008, Barile 2010 など）。ただし，本章ではそれらの詳細には立ち入らず，サービスシステムを「全体の仕組み」程度に捉えよう。

　サービスシステムの特徴の一つは，「提供の仕組み」と「使用の仕組み」が合わさっていることであり，多くの場合，両者はリンクしている。日本における他の取り組みでも，例えば中島らは，サービスを提供と使用のセットとして捉え，FNS（Future Noema Synthesis）と呼ぶ構成論的モデルの連関からなるループ構造により価値共創を説明した（中島2014）。また，どのようなサービスにも，先ほどの「持続的かつダイナミック」を可能とするための設計・経営の仕組みが少なからず存在するが，従来は提供・使用の仕組みとは別に語られることが多かった（図12-7（a））。一方，前節では，提供と使用とが交差する顧客体験を中核に据えて，特徴の異なる複数種類の設計活動が協働する枠組みをみてきた。そこで，サービスシステムを以下のように定義する（原2018）。

　サービスシステム＝提供の仕組み＋使用の仕組み＋設計の仕組み

　これは，設計の仕組みを明示的に取り込んだサービスシステムを考えることで，全体としての効果や持続性を大きく向上できる，という見方である。さらには，図12-7（b）のように「提供と使用の仕組みの一部が，設計の仕組みの一部として共有されるべき」とのメッセージを考える。観光とadidasの例でも，各サービスの提供と使用が，ツアーや

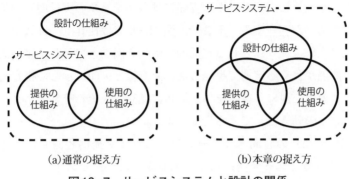

図12-7　サービスシステムと設計の関係

シューズ・コーチング・イベントという人工物の次なる設計に活かされ
ていた。これを設計ありきで言い換えると、「良い設計を取り巻く仕組
みを明らかにした上で、そのエッセンスを提供と使用の仕組みにあらか
じめ上手く埋め込むべき」とのメッセージになる。そして、**図12-6**の
統合サイクルは、この「良い設計を取り巻く仕組み」の理解を与えてく
れる。

　本章では、このように「さまざまな設計のあり方とより効果的・持続
的に実現するための仕組みを念頭に置きながら、サービスの提供と使用
の仕組みを構築していくこと」を、サービスシステムに取り組む上での
重要な思考として位置づけたい。

（2）設計パターンと価値共創

　本項では、**図12-6**の統合サイクルの部分構造を基に、提供・使用と
結びついたサービス設計の仕組み（パターン）を紹介する（原 2018）。
図12-8（a）〜（e）それぞれにある３×３の枠は、**図12-6**の一般化さ
れた統合サイクルを簡略表記したものである。**図12-6**では４つの設計

サイクルを一様に表記したが，実際には各サイクルの実行期間や頻度には大きな違いが存在する。そこで，**図12-8**では便宜上，毎週や毎月の改善など頻繁に繰り返される定期的な活動を渦巻きで示し，企画開発の様に，間隔が長く不定期で単発の活動を直線と矢印で示して視覚的に区別する。前者を殻に，後者を体と触角に見立て，それぞれのパターンをカタツムリの動きとしてとらえてみよう。

図12-8（a）の右向きパターンは，これまで提供者側で抱え込んでいた設計環境をユーザ向けに整備・開放したサービスを提供することで，ユーザによる設計を促進していくものである。すなわち，従来の設計の仕組みの一部を，提供と使用の仕組みに取り入れて展開することに相当する（**図12-7**を参照）。（b）の左向きパターンでは，そうして促進されたユーザによる設計を長期間にわたり観察・蓄積し，それを次なる提供者による設計へと活かしていく。一方，（c）の跳躍パターンにおいてもユーザ設計の蓄積を用いていくが，それをコミュニティにうまく還元することで，コミュニティの中での共創を志向する。

これら（a）−（c）は，相対的に頻度の高い定期的な活動（殻）⇒不定期の単発活動（触角）への流れであった。今度は逆に発想して，単発に行われる活動（触角）⇒定期的な活動（殻）への流れを考えてみる。すると，（d）の潜り込みパターンのように，一度設計してリリースされたある一種類のものが，さまざまなユーザの使用と口コミを経ることで，多数の学びと解釈が付与されて拡散されていく様子に思い至る[5]。（e）の2匹パターンもこれに近いが，ユーザ自身の目的にあわせた適合設計を促進する仕組みと，そうしたユーザ体験を共有・伝搬させる仕組みとを日常的に連動させることで，相乗効果を図るケースを思い浮かべることができる。

これらはサービスの設計パターンであると同時に，提供者とユーザ間

5　図上で流れを追いづらいが，（1）のサイクルでは中央のユーザ体験（D）からはじまり，それに対する分析と設計（S→A→P）を経て，（2）のサイクルに入る。

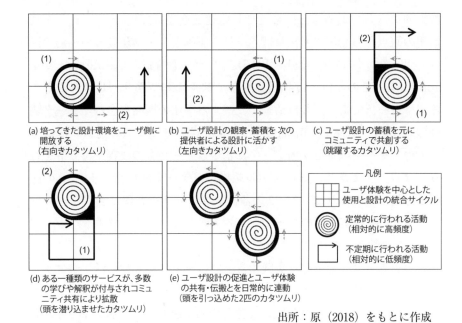

(a) 培ってきた設計環境をユーザ側に
　　開放する
　　（右向きカタツムリ）

(b) ユーザ設計の観察・蓄積を次の
　　提供者による設計に活かす
　　（左向きカタツムリ）

(c) ユーザ設計の蓄積を元に
　　コミュニティで共創する
　　（跳躍するカタツムリ）

(d) ある一種類のサービスが、多数
　　の学びや解釈が付与されコミュ
　　ニティ共有により拡散
　　（頭を潜り込ませたカタツムリ）

(e) ユーザ設計の促進とユーザ体験
　　の共有・伝搬とを日常的に連動
　　（頭を引っ込めた2匹のカタツムリ）

凡例

　ユーザ体験を中心とした
　使用と設計の統合サイクル

　定常的に行われる活動
　（相対的に高頻度）

　不定期に行われる活動
　（相対的に低頻度）

出所：原（2018）をもとに作成

図12-8　統合サイクルから発想されるサービスの設計パターンと共創例

　の関係性を発展させる価値共創のメカニズムでもある（Hara 2022）。
本章での方法が全てではないし，中には非実務的な内容を含むこともあ
ろう。いずれにしても，このように形式的なモデルを用いて論理的・演
繹的にさまざまなパターンを検討したり操作したりすること（西野
2018）は，サービスサイエンスとその教育において今後も重要である。

（3）AI・データ利活用との関わり

　サービス工学1.0と2.0における設計の違いは，端的には共創への注
目の有無であった。これはサービス工学，およびサービスサイエンスに

198

特徴的な区分である一方，目覚ましい進展を遂げている AI・データ利活用の観点から素直に考えれば，モデル駆動とデータ駆動という別の区分を思いつく（Watanabe 2016）。モデル駆動型（Model-driven approach）での設計とは，理論的なモデルに基づきサービスを設計するアプローチであり，設計活動を支援する手法の開発も含む。データ駆動型（Data-driven approach）の設計とは，サービスの提供状況についてのデータを収集し，同データに基づきサービスの改善や再設計を行うアプローチである。このモデル駆動型／データ駆動型と 1.0/2.0 の区分とを組み合わせれば，2 × 2 の設計アプローチを整理できる[6]。

　本章では，現実世界のサービスシステムをより良く理解するため，1.0 と 2.0 を連動させた仕組みをみてきた。3 節（1）で述べたサービスシステムの思考とメッセージを実践する上ではデータ駆動型の活用が欠かせない。ユーザ体験の追求は利潤のみならず良質なデータの確保につながり，そのデータはユーザ体験の改善と企画を駆動する（藤井 2020）。その一方で，共創を含むサービスシステムについての規範的な理解（モデル）や青写真がなければ，どのようなデータを用いて何を目指していくかという方針が曖昧になる危険性がある。サービスサイエンスが果たすべき役割の一つは，AI・データ利活用によって進展するサービスと共創の基盤となる考え方やモデルを提供するとともに，その理論的な展開によってデータ駆動型と伴走していくことにある。本章で示した統合サイクル，設計パターン，および情報循環はその一例である。

6　つまり，第8章と第9章では明示しなかったが，1.0 と 2.0 のアプローチも，それぞれモデル駆動型とデータ駆動型とに細分化できる。

《推奨する自習》

1. 本章2節（4）の adidas の事例を，**図12-6**の統合サイクルを使って図解してみよう。**図12-5**の観光での記述例がヒントになる。

2. その他の事例についても同様に，**図12-6**の統合サイクルを使って現状を分析し，空白となった活動の可能性を検討してみよう。

参考文献

Barile, S. and Polese, F. (2010). Linking the Viable System and Many-to-Many Network Approaches to Service-Dominant Logic and Service Science. International Journal of Quality and Service Sciences, Vol.2, No.1, pp.23–42.

Deming, W. E. (1991). The new economics: for industry, government, education. MIT press.

Hara, T., Shimada, S. and Arai, T. (2013). Design-of-use and design-in-use by customers in differentiating value creation. CIRP Annals -Manufacturing Technology, Vol. 62, No.1, pp.103-106.

Hara, T., Kurata, Y. and Aoyama, K. (2014). Iced Rosetta: a Framework and Design Technologies to Consolidate Value Co-creation. In the Proceedings of Frontiers in Service Conference 2014, pp.14-15, Miami, USA.

Hara, T., Tsuru, S. and Yasui, S. (2022). A Mathematical Model of Value Co-creation Dynamics using a Leverage Mechanism. Sustainability, Vol.14, No.11, 6531.

Vargo, S. L., Maglio, P. P. and Akaka, M. A. (2008). On Value and Value Co-Creation: A Service Systems and Service Logic Perspective. European Management Journal, Vol.26, No.3, 145-152.

Watanabe, K., Mochimaru, M. and Shimomura, Y. (2016). Service Engineering Research in Japan Services and the Green Economy. in Jones, A., et al. (eds.), Services and the Green Economy, pp.217-240, Palgrave-Mcmillan.

木嶋恭一，出口 弘，寺野隆雄（2014）．サービスのためのシステムサイエンス．情報処理，Vol.55, No.2, pp.126-131.

中島秀之，平田恵二（2014）．サービス実践における価値共創のモデル．サービソロジー，Vol.1, No.2, pp.26-31.

西野成昭（2018）．サービス研究の方法論の整理〜JST・RISTEX・サービス科学プログラム（S3FIRE）を通じて〜．サービソロジー，Vol.4, No.4, pp.18-25.

原 辰徳（2014）．顧客によるデザインと利用とを起点としたサービスシステムの構成法．サービソロジー，Vol.1, No.2, pp.22-25.

原 辰徳（2015）．第10章 観光情報が拓く観光サービスのデザイン，観光情報学入門，観光情報学会（編），近代科学社，pp.135-148.

原 辰徳（2018）．設計の仕組みを含めたサービスシステムの構成方法．サービソロジー，Vol.4, No.4, pp.32-37.

藤井保文（2020）．アフターデジタル2 UX と自由．日経BP.

推奨する関連文献

Demirkan, H. and Spohrer, J. (2014). Systems Thinking: A Service Science Perspective. 情報処理，Vol.55, No.2, pp.132-139.

Huang, M. H. and Rust, R.T. (2018). Artificial Intelligence in Service. Journal of Service Research, Vol.21, No.2, pp.155-172.

Meynhardt, T., Chandler, J. D. and Strathoff, P. (2016). Systemic Principles of Value Co-Creation: Synergetics of Value and Service Eco-systems. Journal of Business Research, Vol.69, No.8, pp.2981-2989.

Nakashima, H., Fujii, H. and Suwa, M. (2016). FNS Model of Service as Value Co-creation in Design Processes. Journal of Serviceology, Vol.1, No.1, pp.6-14.

Vargo, S. L., Wieland, H. and Akaka, M. A. (2016). Innovation in Service Ecosystems. Journal of Serviceology, Vol.1, No.1, pp.1-5.

原 辰徳，濱野雅史，茅野遥香，佐藤隆臣，金木佑介，梅田 靖，中田登志之，青山和浩，太田 順（2020）．サービスの連鎖と継続提供に着目した共創を促進するサービスシステムの構成手法．日本機械学会論文集，Vol.86, No.891, p.20-00192.

13 | サービスイノベーション

| 原　良憲

《目標＆ポイント》　本章では，製造業のイノベーションと対比したサービスのイノベーションに対する社会的要請，特徴，プロセスなどについて説明する。また，具体的取り組み事例などを紹介し，サービスイノベーションを成功に導く方策について理解する。
《キーワード》　成熟経済，価値共創，マルチステークホルダー，社会的価値

1. サービスイノベーションとは

(1) サービスイノベーションが生み出されてきた経緯と現状

　サービスイノベーションとは，"サービス"に注目したイノベーションのことを指すが，その定義はあいまいである。イノベーションは，20世紀初頭にヨーゼフ・シュンペーターが提唱した「新結合」の概念から発展し，「技術発明と市場洞察の組み合わせにより，経済的・社会的価値を生み出すもの」として定義されてきた。電球，自動車，コンピューターなど，ものづくりに関する事例が多く見られたが，近年では，経済の成熟化，情報化に伴い，サービスに関する事例の比率も高まってきている。

　このような背景において，ものづくりのイノベーションではない要素があるのではないかということで，「サービスイノベーション」という考え方が21世紀以降に注目されるようになってきた。しかし，サービスの範囲が，対人サービスを想定しているもの，第3次産業を対象とし

ているもの，あるいは，製造業を含む産業全体を捉えなおそうとしているものなどがあり，一概に「サービスイノベーション」という言葉で表されていても，その意味するところは多岐にわたる。対象範囲が広範であるがゆえ，サービスイノベーションの定義をあまり厳密に行わず，たとえば，新しい技術により画期的なサービスが世の中に生み出されることと規定し，具体的事例をもとに説明されているケースも見受けられる。あるいは，新しいサービスの導入や既存サービスの漸進的な改善など，サービスのさまざまな文脈で起こるイノベーションを指す言葉として用いられている（南，西岡 2014）(Gustafsson, etc. 2020)。

　また，1979 年から 2014 年の間に学術雑誌に掲載されたサービスイノベーションに関する 1,301 本の論文の調査を行ったところ，84 の定義にも及び，定義の多様性がサービスイノベーションの知識開発を制限し，妨げていることを示唆しているという報告もなされている（Witell 2016）。

（2）本章におけるサービスイノベーション

　上述のようにサービスイノベーションにまつわる定義は多岐にわたるので，本章で解説するサービスイノベーションの考え方は，全てのサービスイノベーションを網羅するものではない。本章では，モノ（製造業）のイノベーションに対比したサービスのイノベーションという立場から，サービスイノベーションについて説明を行う。また，サービスという視点で産業全体を捉え直し，第 3 次産業のみならず，第 1 次産業，第 2 次産業を含む産業全体を対象とする。

　このような立場に立脚する理由は，第 1 に，経済の成熟化により，第 3 次産業の比率が高まり，価値の源泉が，ものからことへ，有形財から無形財へと変遷してきているためである。また，脱炭素社会に向けた環

境面での制約に加えて，人口減少・少子高齢化など人的資源の有限性に直面する日本においても，第3次産業における GDP の比率が7割を超え，その生産性の向上や人材不足が喫緊の課題となっている。

　このような状況において，サービス産業におけるイノベーションを紐解き，価値の持続性など，サービス特性に基づくイノベーションを産業全体に波及させることは有用である。供給サイドからの価値創出だけでなく，需要サイドの価値創出や，供給サイドと需要サイドとの相互作用による価値創出（価値共創）が，新たにイノベーションとして議論され得る。サービスの生産性は，付加価値の向上や新規ビジネスの向上（分子の部分）と効率の向上（分母の部分）とからなる。一般には，分母の効率と分子の効果とが二律背反の関係になりがちなため，工夫を要する。本章ではこのような観点から，製造業におけるサービス化（サービタイゼーション）や，製造業におけるイノベーションの第3次産業への応用（たとえば，リーン生産方式のようなプロセスイノベーションのサービス産業への適用）については，取り上げていない。

　第2に，インターネットなど情報ネットワーク技術の進展により，サービスプラットフォームに基づくイノベーションも大きな影響を与えているためである。GAFA（グーグル，アップル，フェイスブック（現メタ），アマゾン）に代表されるサービスプラットフォーマーの事業拡大は目を見張るものがあり，時価総額においてもこのような IT サービスプラットフォーム企業が，上位を独占している。サービスプラットフォームを介したビジネスの特徴は，資源の所有と利用の変化である。少数の資源を有するプラットーフォーマーと，多数の資源をもたないサービス提供者とに2極化し，e コマースやシェアリングサービスなどの種々のビジネスが展開される。

　第3に，SDGs（国連総会で採択された持続可能な開発目標）や ESG

（環境・社会課題・ガバナンス）投資のような非財務情報の考慮は，社会的価値を一層重要とみなす社会環境を示しており，サービスイノベーションとしても親和性が高い。後述するように，対象とする財に附帯するプロダクト的価値だけでなく，財の提供者と利用者との関係性に附帯するサービス的価値を考慮したほうが解釈しやすい対象である。また，経験，共感，信頼という要素に価値の源泉が置かれてきていることもサービスイノベーションの一領域であると捉えることができる。

2. サービスイノベーションの特徴

サービスイノベーションの特徴を以下に記す。

（1）資源の有限性，環境の制約のある中でのイノベーション

第1の視点は，20世紀の製造業のイノベーションの時代とは異なり，21世紀は，人的資源，時間，場所など，サービスにまつわる価値を生み出す資源が有限であり，かつ，地球温暖化問題など環境に対する制約が前提となる中でのイノベーションであることである。無形資産としての人的資源や，利用者の時間などは希少であり，イノベーションとしてどのようにこのような資源を有効活用するかが鍵となる。また図13-1にあるように，サービスにおいては，その制約から，一般に，品質，コスト，数量全てを同時に満たすことは困難であるといわれている。このような制約の中で，適切な事業を遂行することもサービスイノベーションの特徴の1つといえる。

（2）サービスの無形性などの特性を考慮したイノベーション

伝統的なサービスの特性としては，無形性（Intangibility），異質性（Heterogeneity），同時性（Inseparability），消滅性（Perishability）が

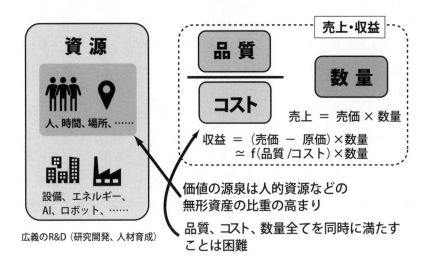

図13-1　サービスにおける資源，品質，コスト，数量の関係

あげられる。第2の視点は，このようなサービスの特性を考慮したイノベーションであり，サービスイノベーションと位置づけられる。たとえば，IT を活用したサービス評価を均質化する取り組みは異質性を疑似的に打ち消すものであり，また，サービスをデジタル化して管理することにより，疑似的にサービスの生産と消費とをずらす取り組みは，同時性と消滅性との特性を低減することができるという意味でのサービスイノベーションと位置づけられる。

（3）価値共創に基づくイノベーション

　第3の視点は，価値創出モデルの差異である。製造業のイノベーションによる価値創出との最大の違いは，財の利用者側も価値創出に関与することである。製造業における製品の価値は，生産者側に委ねられるの

が一般的である。しかし，サービス業におけるサービスの価値は，利用者サイドのデマンドチェーンによる影響が大きかったり，また，財の提供者，利用者双方の相互作用のなかで価値が生み出される「価値共創」であったりする。

　村上，新井らの提唱する「ニコニコ図」（**図13-2**）とは，このような価値共創にまつわるプロセスをいくつかに整理，分類し，わかりやすい構成要素と要素間の関係表現をもとに，価値共創のサービスモデルを表現している（村上，新井2017）（村上，松井2021）。また，第14章で説明する「日本型クリエイティブ・サービス」は，高コンテクスト情報に

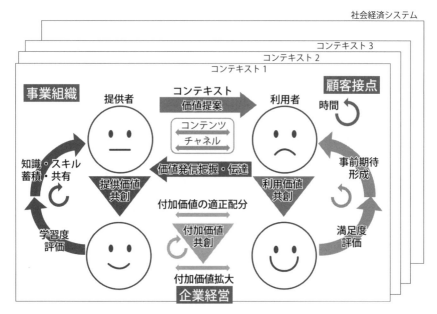

出所：村上，松井（2021）を一部修正

図13-2　ニコニコ図（価値共創のサービスモデル）

基づく暗黙知情報を活用した価値共創モデルである（小林，原，山内2014）。ニコニコ図においては，コンテクストの部分に相当する。このように，価値共創のプロセスが内在することはサービスの特徴であり，種々のサービスイノベーションの取り組みが見受けられる。

（4）対象とする系（システム）に人が入るイノベーション

　サービス，特に，対人サービスでは，モノづくりのプロセスとは異なり，対象とする系（システム）に人間を入れた取り扱いを念頭におくことが多い。この意味においては，サービスイノベーションは，必然的に文理融合的なイノベーションと位置づけられる。ただし，人間は，必ずしも合理的な判断で行動するわけではないので，このようなシステムの取り扱いは，不確実性が高く，再現性の担保が容易ではない。そこで，いくつかの個人の特性をもとに，個人を類型化したシステムを対象とするサービスイノベーション事例も見受けられる。

（5）複数の利害関係者（マルチステークホルダー）を考慮したイノベーション

　また，対象とする系（システム）に人間も組み入れる場合，財の提供者，利用者，ビジネスパートナーなど，複数の利害関係者（マルチステークホルダー）が存在する。このような複数の利害関係者間の関係を考慮することもサービスイノベーションの特徴の1つとしてあげられる。具体的には，「売り手よし，買い手よし，世間良し」と称される近江商人の理念から発展した「三方よし」の考え方である。

　近年では，社会的価値の追求と経済的価値の追求とを両立させ，事業の維持・発展をはかるというソーシャルイノベーションの重要性も増してきている。このようなイノベーションについては，製造業のイノベー

ションとしては表出しづらく，サービスイノベーションとして捉えることが自然といえよう。

3. サービスイノベーションの事例

　以上のようなサービスイノベーションの特徴を有するいくつかの事例について紹介する。他の事例等については，「日本サービス大賞」を受賞したいくつかの企業を取り上げた実践事例を参照されたい（村上，松井 2021）。

（1）株式会社セコマ

　株式会社セコマは，北海道を中心とした地域密着サプライチェーンである。小売だけでなく，農業生産法人，食品製造，原材料調達，物流拠点などを有する。また，直営店が8割となる高営業資産経営でもある。このような経営のもとに，日本生産性本部の JCSI（日本版顧客満足度指数）調査で全国コンビニ1位を約10年間継続している。

　北海道という人口減少・少子高齢化が進展している地域においても，地域密着・顧客密着経営により，ステークホルダーとの長期的信頼関係を構築している。地産地消，オリジナリティのある商品開発，品質保証，リスク管理の徹底により，顧客ロイヤルティの向上が図られている。また，バックオフィスの充実による従業員満足度の向上に加えて，本質価値の追求という意味での削減価値の向上を目指している。このような本質価値の追求の具体例として，流通をシンプルにさせることによる効率化や，歩留まり改善による食品ロスの削減などを実現している。さらに，物流のプロフィット化（物流を核にした異業種連携）や，北海道産品の外販（OEM 受託）なども推進している。

　サービスイノベーションとしてのセコマの活動は，限られた人的資源

の中で，無形資産をもとに，企業，顧客や地域を含むマルチステークホ
ルダー間での長期関係性によるシナジーを生む価値共創を具現化してい
る。具体的には，以下の5点が特筆される。

- ・地産地消，環境負荷低減に基づく地域・コミュニティに根差した課
  題や需要の認識とその解決
- ・削減価値に注力し，サプライチェーン／デマンドチェーン全体での
  効率化とボトルネック解消
- ・資源の再利用，多目的展開，回転率向上などによる社会的価値と経
  済的価値とを両立させる循環型の価値共創
- ・マイノリティ，従業員への配慮や，災害・危機対応支援などによる
  信頼関係構築と，リスク対応を含むインフラ基盤の実現
- ・信頼ブランドなど無形資産に基づくさらなる需要要請や課題認識と
  その解決

　このような企業事例は，他業種の優良企業にも見受けられるサービス
イノベーションとしての共通的な要素である。たとえば，年輪経営を実
践する伊那食品工業株式会社や，中核医療施設として，地域の社会，経
済，文化の発展向上に貢献する社会医療法人の恵寿総合病院などが挙げ
られる。

（2）コマツ（株式会社小松製作所）

　コマツは，1921年創業の老舗建設・鉱山機械メーカーである。コマ
ツのサービスイノベーションとしての興味深い点は，「スマートコンス
トラクション」の開発である。土木工事には，調査測量・設計・施工・
検査などの多様な工程が存在する。「スマートコンストラクション」は，

建設生産のプロセス全体のあらゆる「モノ」のデータをICTで有機的につなぐことで見える化し，「未来の現場」を創造していくソリューションである。安心安全，労働力不足解消，生産性向上，評価基準適合を図るため，バリューチェーンプロセスの統合，見える化を実施し，プロセスの変革がなされている。具体的には，建設現場の3次元データと施工完成図面の3次元データとを照合して自動施工を可能にするシステムである。20〜30％のコスト削減効果，工期半減，熟練技術者不足にも効果が得られている。また，運用を含めた建設機械のトータルライフサイクルコストの低減にも貢献している。

　「スマートコンストラクション」のサービスイノベーション要素としては，顧客である建設業に対して優れた価値提案を行い，顧客との間で継続的に価値共創を行う仕組みを提供していることである。また，このような「スマートコンストラクション」の発展としては，建設業におけるデータ経済圏の拡大が挙げられる。GAFAのサービスプラットフォームビジネスとは異なり，建設機械というリアルな場とGPSをはじめとした種々のバーチャルな場での情報処理が統合され，サービスイノベーションとしての優位性をもつ情報活用プラットフォームになる。このようなプラットフォームでのデータ活用を進めることにより，建設機械企業だけでなく，燃料の残量データを元に給油サービスを行う商社や，運転データを保険料に反映する保険会社などとの異業種連携によるシナジー効果が得られると期待される。

（3）アサヒホールディングス株式会社

　アサヒホールディングス株式会社（アサヒHD）は，電子部品・触媒・宝飾などさまざまな分野の製造工程で発生する貴金属や希少金属（レアメタル）含有のスクラップ，歯科医院・病院といった医療機関か

ら排出される歯冠・レントゲンフィルム，使用済み自動車触媒などから貴金属やレアメタルを分離・回収し，再資源化する企業である。アサヒHDが回収・生産する金属は金・銀・パラジウム・プラチナなど多岐にわたる。同社が年間で再資源化した金は，国内最大の菱刈鉱山（鹿児島県）の年産量を上回る。アサヒHDは従来の第1次，2次，3次産業という産業分類には当てはめづらい。いわば静脈産業分野の「都市鉱山業」であり，貴金属・レアメタルを中心とする非鉄製造業でもある。と同時に高度なライセンス（許認可）を有して，各種産業廃棄物を適切に処理するサービス企業でもある（原2010）。

　アサヒHDの事業の本質を理解するためには，サービスというフィルターで産業全体を捉え直し，顧客や市場を含む循環型社会における価値創出企業として認識する必要がある。貴金属リサイクル事業で成功した要因は，原材料のロットサイズを問わないフレキシブルな貴金属・レアメタル回収に着目したリサイクル市場を立ち上げたこと，そして顧客接点においては，産業廃棄物および特定管理産業廃棄物の適正処理サービスも含めたワンストップソリューションを提供し，取引当事者間のWin-Winの関係を構築したことにある。

　具体的には，関連リサイクル技術や経営資源を保有したうえで，全国の多くの取引先から能動的に原材料を集荷できる回収ネットワークを確立している点がある。また，さまざまなリサイクル原材料の処理において，最適再生プロセスをデザインし，回収率を高め，回収までのリードタイムを短縮している。自社の収益力向上だけでなく，顧客への価値還元や地球資源ロスの低減に貢献する意味においてもサービスイノベーションである活動を明示している。アサヒHDは環境に配慮した希少資源の循環プロセスを通し，顧客や市場との共生・共創型社会におけるサービス価値の創出を推進している。

4. 今後の展開

　今後の展開としては，成熟化経済のもと，デジタルトランスフォーメーションによる人々の行動変容や社会制度の変革が起こっていく中，サービスイノベーションとしての種々の事例がますます増えてくると想定される。特に，COVID-19の感染防止による取り組みを受けて，このような進展は，一層加速化されている。

　今後起こるであろう展開としては，まず第1に，人間と人工知能（AI）との間の役割分担である。共感性，ホスピタリティ，好奇心などという持続性に影響のある要素は人間が当面受け持ち，AIは，大量のデータ活用により，発展性（スケーラビリティ）に影響のある要素に積極的に活用されていくであろう。そしてこれらの両立が鍵となる。

　第2に，サービスに対するインテグレーションである。個々の活動としては，効率化などの最適化を目指す取り組みがなされてきている。今後は，範囲を広げ，サービスバリューチェーン，サプライチェーン／デマンドチェーンやビジネスエコシステム全体での効率化，シナジー効果を考えていく必要がある。また，インテグレーション（処理・対象範囲の広範化）に加えて，ホスピタリティ（価値の安定化・持続化），デジタル化（画一化，スケール化）を掛け合わせたサービスイノベーション（インテグレイティド・ホスピタリティ）についても深耕が期待される。

　第3に，サービスにまつわる関連の概念—サービスデザイン，サービスマーケティング，サービスマネジメント，サービスケイパビリティ（サービスの組織能力）などとの関連性の整理と統合の議論の進展である。このような活動により，サービスイノベーションの本質がより一層明確になり，経験則的なフレームワークの進展も期待される。

《推奨する自習》

1．製造業のイノベーションと対比したサービスのイノベーションの特徴とは何かについて，整理，比較して考えてみよう。
2．複数の利害関係者（マルチステークホルダー）の間での利害関係が対立した場合，どのような解決方策があるか，具体的な事例をもとに考えてみよう。また，サービスの生産性は，付加価値の向上や新規ビジネスの向上（分子の部分）と効率の向上（分母の部分）とからなるが，分母の効率と分子の効果とが二律背反の関係になる際，どのような解決策があるか考えてみよう。
3．サービスイノベーションの特徴を有している具体的な企業事例を調査分析してみよう。

参考文献

Gustafsson, A., Snyder, H. and Witell, L. (2020). Service Innovation: A New Conceptualization and Path Forward. Journal of Service Research. 23(2), 111-115.

Witell, L., Snyder, H., Gustafsson, A., Fombelle, P. and Per Kristensson, P. (2016). Defining service innovation: A review and synthesis. Journal of Business Research. 69(8), 2863-2872.

小林潔司，原 良憲，山内 裕（2014）．日本型クリエイティブ・サービスの時代―「おもてなし」への科学的接近．日本評論社.

原 良憲（2010）．貴金属再生企業アサヒプリテック共生・共創型の社会を組み立て．日経情報ストラテジー，2010 年 5 月号，122-123.

南知惠子，西岡健一（2014）．サービス・イノベーション——価値共創と新技術導入．有斐閣.

村上輝康，新井民夫（2017）．サービソロジーへの招待〜価値共創によるサービスイノベーション．東京大学出版会.

村上輝康，松井拓己（2021）．価値共創のサービスイノベーション実践論 「サービスモデル」で考える7つの経営革新．生産性出版.

推奨する関連文献

伊丹敬之，高橋克徳，西野和美，藤原雅俊，岸本太一（2017）．サービスイノベーションの海外展開．東洋経済新報社.

碓井誠（2009）．セブン－イレブン流サービス・イノベーションの条件．日経BP.

近藤隆雄（2012）．サービス・イノベーションの理論と方法．生産性出版.

サービス産業生産性協議会（2009）．サービス・イノベーション—サービス産業の生産性向上の実現のために．生産性出版.

ヘンリー・チェスブロウ（博報堂監訳）（2012）．オープン・サービス・イノベーション—生活者視点から，成長と競争力のあるビジネスを創造する．CCCメディアハウス.

14 | 日本型クリエイティブ・サービス

原　良憲

《目標＆ポイント》　本章では，文化，歴史，自然，生活様式などの高コンテクスト情報を活用し，価値の持続や継続性のある高品質サービス（老舗，食，伝統芸能，クールジャパン等）について解説する。また，このような特性をDX時代に適用するポイントについても言及する。

《キーワード》　高コンテクスト情報，おもてなし，価値共創，型（かた）

1. 成熟化した時代の経済

　日本は，1980年代後半の「ジャパン・アズ・ナンバーワン」に象徴される高度経済成長期を経て，長年におけるデフレを経験している。この間，日本の人々は，成熟社会ゆえのボーダレス化やモノ余りの中で，コモディティ化という価値の毀損に翻弄されてきた。技術に裏打ちされた製品が売れるという保証はなく，また，ガラパゴス化と呼ばれる品質や機能の特異な発展が，グローバル展開の足かせと指摘され，進むべき方向の再考が求められてきたのである。

　一方，世界を見渡すと，GAFAなどインターネットサービスの進展に加えて，最近では，UberやAirbnbに代表されるシェアリング・エコノミーのビジネスが脚光を浴びてきている。モノを所有せずとも，情報や共有サービスの仕組みを活用することで，必要とされる機能が利用できる時代になってきている。第3次産業がGDPの7割を占める日本においても，持続的な経済発展を考えるうえで，大きな岐路に立たされ

ている。

2. 日本型クリエイティブ・サービス

このような時代背景において，社会環境に応じた持続的発展を考え
る必要がある。

日本型クリエイティブ・サービスとは，「日本における文化，伝統，
生活様式などの情報を生かした創造的高付加価値サービス」の総称であ
る（小林，原，山内 2014）。図 14-1 に示すように，代表的なサービス
としては，伝統的な老舗企業，江戸前鮨・京懐石のような日本食，華
道・茶道などの伝統芸能，そして，アニメ・J-POP などのクールジャ
パンなどが挙げられる。

日本型クリエイティブ・サービスの第 1 の特徴は，高コンテクスト情
報に基づくサービス（高コンテクスト・サービス）としての持続性であ
る。高コンテクスト・サービスとは，自然，季節，文化，歴史，生活な

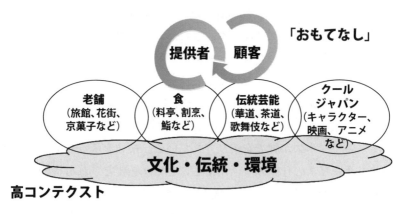

図14-1　日本型クリエイティブ・サービス

どの言語化されにくい付帯情報との関連から，価値が創出されるサービスである。例として（小林 2012）から，京都の料亭での料理提供場面を引用してみよう。

　椀物を提供し，客がその蓋を取る。その蓋の裏には，「六月」であることを象徴する蛍の絵が描かれている。それに気づいて季節を感じつつ鱧を食べ，そのことで「もうすぐ祇園祭か…」と客が思いを巡らせる。頭の中で，「コンコンチキチキ…」と祇園祭の囃子を奏で出す。（中略）客は「料理を食べる」という価値に加えて，蛍や祇園祭を感じることで「初夏を味わう」ことができ，情感的な価値も得ることができる。

　このように，「季節」というコンテクストの中に，食そのものを含むサービス全体を位置づけ，食から広がる連想の数々を客に提供していることがわかる。

　日本型クリエイティブ・サービスでは，コンテクストに影響を受ける程度が高く，また，コンテクストを上手に使って物語をつくるなどの工夫がなされている。このようなサービスを利用する人々の間では，暗黙知の共有に基づくコミュニケーションが行われる。暗黙知を共有することは，一種の経験・体験を共有することであり，一般に時間がかかる。しかし，いったん暗黙知を共有できると，ビジネスへの参入障壁が高くなり，価値が持続しやすく，かつ，社会や市場に定着しやすくなる。

　次に，日本型クリエイティブ・サービスの第2の特徴は，おもてなし行為のもつ柔軟性である。もてなしという言葉は，語源的には「以て」「為す」であるようである（小林，原，山内 2014）。マニュアルのように何を以て何を為すかを事前に明示するのではなく，手段と目的を空白にして，客を接遇することだけを示している。すなわち，もてなしとは，相手に対する接遇の型（テンプレート）だけがあり，どのような接遇を行うかについては未定のままであり，実際のサービスが行われる場面で，具体的な接遇行為が示されることである。言い換えれば，サービ

ス提供者と受容者があらかじめどのようなサービスを受けるか具体的に決めておくのではなく，相互作用の中で望ましいサービスをつくりあげていく。このようなサービス価値を共創するプロセスが，日本型クリエイティブ・サービスに柔軟性をもたせている。

　以上説明した日本型クリエイティブ・サービスの特性を，低コンテクスト・コミュニケーション型のサービスと比較し，**表14-1**にまとめる。

3. 切磋琢磨の価値共創モデル

　上述したように，日本型クリエイティブ・サービスの創造的価値の本質は，高コンテクスト情報を活用した価値の持続性と，そのうえでの「価値共創」に基づくおもてなしの柔軟性にある。世界市場を相手にする製品やサービスは，標準化と普遍性を追求する半面，地域や歴史，文

表14-1　日本型クリエイティブ・サービスの特性

日本型クリエイティブ・サービス（文化に根差した高コンテクスト・コミュニケーション型のサービス）			参考：低コンテクスト・コミュニケーション型のサービス
特性	**効用**	**説明**	
Knowing:知識プロセスを重視した価値創出	コンテクストに基づく物語的消費としての付加価値創出	・結果物だけでなく、知識の獲得や活用過程を重視・組み合わせにより、多様な付加価値創出パターン創出	Knowledge:・結果としての知識を重視した価値創出・記号的消費としての付加価値創出
Dialectic:弁証的な価値共創による価値創出	主として顧客のリテラシー向上	・顧客と提供者が互いを評価し高め合う・顧客と提供者との対等な関係性が基本	Hierarchical:・序列的関係での価値共創による価値創出・顧客を喜ばせることが一義的（提供側の能力向上）
Duality:重層的な関係（変化と持続の共存・共生）に基づく価値創出	長期的継続性の担保	・変化の中に持続があり、持続の中に変化がある（共生的）・バランスによる安定性の向上とリスクの低減	Dualism:・二元論的な関係（変化と持続の句罰等）に基づく価値創出・相対的に短期の目標設定

化特性を削ぎ落としてしまっているが，日本型クリエイティブ・サービスは，生産者と消費者が共有する文化等の「コンテクスト」を大切にし，持続性や臨機応変さを尊重している。サービス提供者と客のコミュニケーションにおけるコンテクスト活用の程度を踏まえ，包括的に価値共創の類型化がなされている。モノに比べ，サービスは，提供者側がたとえ同じ品質の商品を提供しても，客が同じ価値を知覚するとは限らない。サービスの価値は，客の属性，サービスが置かれた物的環境，そしてほかの客の振る舞い等に影響を受ける。すなわち，サービスの価値は，提供者と客との相互作用から生み出されるものであり，モノの価値のように，媒体としてのモノに付帯されているものとは区別される。いわば，サービス提供者による働きかけを通じて生じる客の状態の変化が，サービスの価値なのである。

　このように，サービスの価値創出においては，提供者と客の間のコミュニケーションが重要な役割を担っている。情報の伝達方法には，暗黙的な提供と明示的な提供の2つがある。暗黙的な情報伝達の方法とは，当事者間，あるいはコミュニティに共通の知識や慣習を基に，言語に頼らず相手の心理状態や意図を推量したり，自身の意図を間接的に伝達したりする形態である。一方，明示的な情報伝達の方法とは，言語を用いた直接的な伝達形態である。

　そこで，送り手側の情報伝達が明示的か暗黙的か，もしくは，受け手側の情報伝達が明示的か暗黙的かという2つの観点から，価値共創としてのコミュニケーションを4つに分類することができる（**図14-2**）。

　このうち，日本型クリエイティブ・サービスにおける価値共創は，「　慮　り型」「見立て型」「擦り合わせ型」の3つのパターンに当たる。送り手側と受け手側双方の明示的なコミュニケーションに基づく「明示型」の価値共創と異なり，少なくともどちらか一方が暗黙的な情報提供

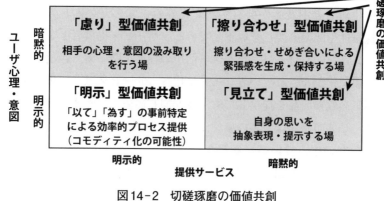

図14-2 切磋琢磨の価値共創

を含んだコミュニケーションを行うことが，日本型クリエイティブ・
サービスの特徴である。

（1）明示型の価値共創

　明示型の価値共創では，コミュニケーションを行うサービス提供者と
客の間での意図の伝達が明示的である。そのため，お互いの役割および
サービスプロセスが，マニュアルなどで明確にされている。このような
明示型の価値共創のメリットは，役割やプロセスを明示化することによ
り，サービスの規模拡大が行いやすい（代表例として，ファストフード
等のフランチャイズ事業が挙げられる）。一方で，明示的なプロセスは，
競合にも模倣が容易となるリスクもある。このため，結果として，コモ
ディティ化する要因の一つとなっている。

（2）慮り型の価値共創

　慮り型の価値共創とは，提供者がサービスしていることを意識的に強調せずに，客の暗黙的な思いをくみ取りつつ，それとなく適切なサービスを提供する形態である。サービスの継続意向の向上や，客との関係性・生涯価値の増大などに効果がある価値創出プロセスである。

　例としては，料亭における仲居と客のコミュニケーションに基づくサービスが挙げられる。京都をはじめとした老舗料亭では，仲居が客の様子から暗黙的な意図をくみ取ったり，季節や庭の話題から緊張を和らげたりすることで，状況に応じた適切な場の構築や提供が重要とされる。このような慮りの結果，客は料理のみならず，自然と庭や掛け軸の細部まで目が行き届き，サービスの深い価値を認識できる。すなわち，慮り型の価値共創では，提供者が客の心理状態や体験といった暗黙的な情報までくみ取ることで，結果的に，客のサービスに対する受容感度を高めていく価値共創モデルと捉えられる。

（3）見立て型の価値共創

　見立て型の価値共創とは，慮り型の価値共創とは異なり，提供者側の価値提供形態に暗黙的な要素があるプロセスである。日本型クリエイティブ・サービスにおいては，このような暗黙知の活用として，「見立て」という考え方が重要とされてきた。見立てとは，モノの色や形を通じて，提供者の暗黙的な意図を客に想起させるコミュニケーション手法である。

　具体例としては，茶の場における京菓子の活用などが挙げられる。京菓子は，色や形から季節のうつろい等が表現されており，茶の場ではそのように見立てられた菓子によって亭主の意図を客が感じ取るというコミュニケーションがみられる。

このような見立てを通じた価値共創の結果，客は思い思いに提供者の意図を理解・想像するプロセスを通じ，サービス価値を深く認識することができる。いわば，提供者の暗黙的な思いがあえて抽象的に表現されることで，客が創造性を働かせサービスを楽しめるという価値共創である。

（4）擦り合わせ型の価値共創

擦り合わせ型の価値共創とは，提供者と客との暗黙的な情報のやりとりを通じ，サービスの価値を高め合うものである。身近な事例としては，鮨店における主人と客が切磋琢磨するようなコミュニケーションが挙げられる。ここでは，料理そのものだけではなく，主人と客との会話のやりとりや，しぐさ，表情の変化などを通じて，一種の緊張感が醸し出され，結果として，その場のサービス価値が高まっていく。いわば，サービス提供者と客とが，自己を開示し合い，相互行為を通して交渉する過程としての価値共創がみて取れる（山内 2015）。

また，擦り合わせ型の価値共創においては，客の寄与が一層重要となるが，すべての客が擦り合わせ型の価値共創に合致できるわけではない。高コンテクスト性のあるサービスでは，「接近志向」の高い客（リスク・テイクを行って，望ましい状態に近づこうとする志向性をもつ客）を結果として選別し，サービス提供者と相互作用の中で価値共創を行っているという報告もなされている。

以上述べたように，サービス提供者の価値提供形態や客のニーズが明示的であることを前提にしていた従来の考え方に加え，暗黙的な情報の伝達のしかたを考慮して価値共創の拡張・構造化を図ることは有用である。

提供者と客，双方の知識やプロセスが明示的な価値共創を，逐一指示

を出す客とそれに従いサービスを提供するバトラー（給仕）との関係に
なぞらえるとすれば，「慮り」は料亭の仲居（客の知識や慣れを読み取
り，円滑なコミュニケーションを支援する），「見立て」は茶道の亭主
（客へのもてなしを表現するため，季節を見立てた菓子や空間を演出す
る），「擦り合わせ」は鮨店の主人（客と主人とが緊張感を保ちつつ互い
を評価して価値を高める）と客の関係になぞらえることができよう。

　相手の暗黙的な情報を慮る，見立てによって自身の暗黙的な情報を相
手に想起させる，双方の暗黙的な情報を擦り合わせる。これらのコミュ
ニケーションに基づく日本型クリエイティブ・サービスの価値共創に共
通するのは，サービスの提供者と客がサービスの価値を切磋琢磨して高
めていく点だといえる。

4. 実践科学的サービス方法論

　上述の切磋琢磨の価値共創モデルを導出するに際し，サービスの特性
を考慮した観察，仮説構築・検証，活用，表現・評価というプロセス
を，サービス学固有の方法論として明示することが肝要である。以下に
サービス特性を考慮した方法論を説明する。

（1）実証的アプローチと実践的アプローチ

　サービスの価値は，ものの価値とは異なり，当事者間の価値共創によ
り生み出されるため，普遍的，論理的，客観的な側面だけでなく，個々
の場所や時間の中で，当事者や対象の多様性を考慮に入れながら，当該
要素間の相互作用の考慮（Grönroos 2000）が必要となる。すなわち，
普遍性に対して個別性，論理性に対してシンボル性，また，客観性に対
して能動性という側面を考慮しなければならない。従来の普遍的，論理
的，客観的な側面に基づく分析方法論を実証的アプローチと位置づける

ならば，個別的，シンボル的，能動的要素に基づく分析方法論は実践的
アプローチと規定される（小林 2010）。

　実践的アプローチにおいては，時間・空間が指定された個別フィール
ドが存在すること，対象が個々の要素に分解するだけでは説明できない
全体的（ホリスティック）意味が存在すること，並びに，対象に分析者
自身が影響を与えてしまうという意味での「主観」と「客観」とが分離
できないことが特徴として挙げられる。

　実践的アプローチでは，対象が当該時点とその存在空間に拘束される
ため，対象がおかれている個別的な文脈から切り離して認識することが
できない。このような本質的な制約の中で，再現的性質をもつ共通要素
の認識と，個別・例外的な要素とを峻別させる科学的方法論が必要と
なる。

　したがって，このような実践的アプローチが科学的方法論たりえるた
めには，実践の形式化操作としての「客観化」に加えて，実践の形式化
操作の形式化である「客観化の客観化」が必要となる（小林 2010）。特
に，後者はサービス価値創出のメタモデル化（モデルのモデル化）とい
う意味で重要である。

（2）サービス分野における実践科学的方法論

　日本型クリエイティブ・サービスの概念整理やその実証分析において
は，従来の実証的アプローチのみでは，大事な情報が捨て去られてしま
う可能性があった。しかし，一方で，再現性のある方法論を構築するこ
とにおいては，このような実証的手法は欠くことができない。このよう
な研究分析上の難しさを克服するため，実証的アプローチを包含した実
践科学的サービス方法論を提案，構築した。

　具体的には，図 14-3 に記載のように，サービスの「現場」と「現

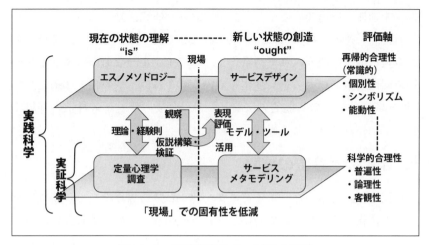

図14-3　実践科学的サービス方法論

場」での固有性を低減する抽象的な空間（場）という軸，並びに，現在の状態の理解（"is"）と新しい状態の創造（"ought"）という2軸でサービス研究のプロセスを整理し，各研究項目の深耕を行った。第2象限から反時計回りに観察⇒仮説構築・検証⇒活用⇒表現・評価というプロセスである。各々のプロセスにおける研究手法として，我々は，エスノメソドロジー，定量心理学調査，サービスメタモデリング，サービスデザインについて提案，精緻化，有用性検証の活動を行った。詳細は，（小林，原，山内 2014）を参照されたい。

　このような実践科学的サービス方法論においては，「現場」での固有性を低減するフェーズが実証科学に準拠しており，科学的合理性（普遍性，論理性，客観性）を追究することを念頭においた研究活動となっている。一方，「現場」に直接的に関与するフェーズにおいては，実践的なアプローチであり，再帰的（常識的）合理性（個別性，シンボリズ

ム，能動性）を追究することを念頭においた研究活動である。

　通常，一連のプロセスは，一巡することで終了ではない。評価結果を次の観察情報に組み入れて精緻化し，スパイラル的な循環により，サービス価値創造プロセスを高度化していく。これは，一般化・体系化した「サービス科学」の基盤的方法論として，今後のサービス科学の有用な研究フレームワークと位置づけられる。

5. まとめと今後の展開

　本稿では，日本型クリエイティブ・サービスに焦点を当て，高コンテクスト情報を活用した価値の持続性と，そのうえでの価値共創に基づくおもてなしの柔軟性などについて解説した。また，サービス提供者と客との少なくともどちらか一方に暗黙的な情報提供がある状況下でコミュニケーションを行う切磋琢磨の価値共創（慮り型の価値共創，見立て型の価値共創，擦り合わせ型の価値共創），並びに，サービス特性を考慮した実践方法論について紹介を行った。

　今後，デジタルトランスフォーメーションの進展に伴い，情報が氾濫する状況はさらに進展すると考えられる。このような時代における日本型クリエイティブ・サービスの展開についても以下に言及する。

　第1の視点は，情報取得・情報表現からの解放である。従来，優れたホスピタリティは，非現実的でスケールアップが難しいとされてきた。これは，暗黙知の共有や非言語情報による円滑なコミュニケーションには，一般的に経験と細やかな感性が必要とされるからである。特に，相手の無意識の行動から意図を慮ったり，自分の気持ちや周囲の雰囲気を見立てたりすることは容易ではない。DXを用いたセンシング（情報収集）技術による「慮り」とビジュアライゼーション技術による「見立て」のサポートは，こうした暗黙知や高コンテクストなコミュニケー

ションに基づく良質なホスピタリティの裾野を広げることになるであろう。

　第2の視点は，物理的な場所や時間の制約を受けない，不変の哲学に基づいたオープンで統合されたコミュニティの形成である。DXの進化とパンデミックの影響で，オンラインコミュニティの形成が当たり前になってきているが，共通の暗黙知や経験を持つコミュニティは，必ずしも地縁や血縁，あるいは企業の枠にとらわれるものではない。物理的な場所や時間の制約から解放されたコミュニティは，真の意味で変わらない哲学に基づいたコミュニティの形成に向けて進んでいくことになるであろう。

　第3の視点は，未来のステークホルダーへの"恩送り（pay it forward）"である。かつての「三方よし」は，"売り手よし，買い手よし，世間よし"の思想であったが，DXは，時間軸に広がるステークホルダーの利益を調整することで，「四方よし」（＋未来よし）の理念の実現を促進・支援するツールとして期待される。

《推奨する自習》

1．日本型クリエイティブ・サービスの特徴である高コンテクスト・コミュニケーションと「おもてなし」を参考に，具体的な事例を考えてみよう。

2．得られた具体的な事例をもとに，持続性の源泉はどこにあるかを考えてみよう。対象となるサービスは，何を守り，何を変えてきたのか？また，このような日本型クリエイティブ・サービスをグローバル

展開するためには，どのような施策を行うべきか考えてみよう。

3．デジタルトランスフォーメーション時代において，日本型クリエイ
　ティブ・サービスを発展させるために，人と AI・IT の役割分担をど
　のようにすべきか考えてみよう。

参考文献

Grönroos, C. (2000). Creating a Relationship Dialogue: Communication, Interaction and Value. The Marketing Review, 1(1), 5-14.

小林潔司（2010）．土木工学における実践的研究：課題と方法．土木技術者実践的論文集，1(1)，143-155.

小林潔司（2012）．日本型クリエイティブ・サービスの理論分析とグローバル展開に向けた適用研究．科学技術振興機構社会技術研究開発センター「平成 23 年度研究開発実施報告書」．

小林潔司，原 良憲，山内 裕（2014）．日本型クリエイティブ・サービスの時代—「おもてなし」への科学的接近．日本評論社.

原 良憲，岡 宏樹（2013）．日本型クリエイティブ・サービスの価値共創モデル—暗黙的情報活用に基づく価値共創モデルの発展的整理．研究 技術 計画，28(3/4)，254-261.

山内 裕（2015）．「闘争」としてのサービス．中央経済社.

推奨する関連文献

Hara, Y., Ikenobo, S. and Han, S. (2022). A New Approach to Resilient Hospitality Management – Lessons and Insights from Kyoto, Japan. Springer.

Yamauchi, Y. and Hiramoto, T. (2016). Reflexivity of routines: An ethnomethodological investigation of initial service encounters at sushi bars in Tokyo. Organization Studies, 37(10), 1473-1499.

Yamauchi, Y. (2017). Culture as a new frontier of business: a study of service provider-customer interactions at Sushi Bars in Tokyo. In Nakano, T. (ed.) Japanese Management in Evolution. Routledge, London, 193-210.

姜　聖淑（2013）．実践から学ぶ女将のおもてなし経営．中央経済社．

鈴木智子，竹村幸祐，浜村　武（2017）．結果またはプロセス重視のサービス・リカバリーに対する評価と行為同定の関係．流通研究，20(3)，1-9.

原　良憲（2014），サービス学における『おもてなし』〜サービス価値の持続と発展に向けて〜．サービソロジー．1(3)，4-11.

原　良憲（2017）．日本型クリエイティブ・サービスの価値共創モデル．日本政策金融公庫　調査月報 February 2017（101），38-43.

原　良憲（2018）．サービスにおける人のふるまいに関する研究．サービソロジー，4(4)，10-17.

230

15 サービスサイエンスとサービス学

原　辰徳

《目標＆ポイント》　サービスサイエンス，特に日本におけるサービス学の進展について学び，両者の対象範囲とねらいの違いなどを大まかに理解する。第11回科学技術予測調査でのトピックをみて，本書の内容を復習するとともに，扱わなかった部分の学習を動機づける。最後に，サービスリテラシーを取りあげ，日々の生活での活用と生涯学習について考える。
《キーワード》　サービス学，サービソロジー，認識科学，構成科学，サービスイノベーション，サービスリテラシー

1. サービス学：日本におけるサービスサイエンスの固有の学知

（1）サービス学会の設立

　サービスサイエンスは文理を超えた学際的な研究教育分野である。ここで使われる"サイエンス"は，"学問"，"学術"に関する総称であった。そのため，サービスサイエンスの勃興期（2000年代）には，サービスシステムを構成する人間・組織・情報・技術のいずれを対象としているかに応じて関連領域を分類するなどの試みが多くなされた。図15-1は，それらの試みの中で示された印象的なイラストである[1]。インド発祥の寓話"群盲象を評す"がもとになっていて，目隠し[2]をした複数の人が巨象のさまざまな場所に触れて感想を言い合うが，どれも異なる。サービスサイエンスの場合にも，背景にある学問や研究対象が変わることで，全体（サービスシステム）に対する認識が大きく変わるこ

---

[1]　本図に示される関連領域は，後述するサービス学会の設立に際して新井民夫先生（東京大学名誉教授，サービス学会初代会長）が整理したものをもとにした。
[2]　真理に対する見識を持ち合わせていないことを意味する。

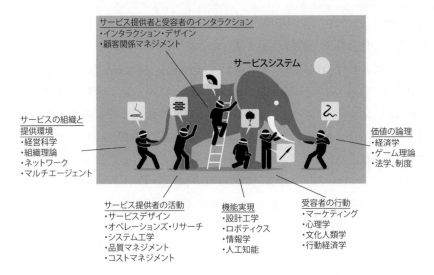

図15-1　サービスサイエンスの関連領域とサービスシステム（"群盲象を評す"のイラスト上での例示）

　とを表している。サービスサイエンスの多面性と求められる全体性を示唆しているともいえる。

　日本でのサービスサイエンス発展の基盤となるべく2012年に設置されたサービス学会の経緯を，第9章，第12章，第14章で言及してきた科学技術振興機構 社会技術研究開発センター（JST RISTEX）の問題解決型サービス科学研究開発プログラム（S³FIRE，スフィアと読む）での取り組みを交えて概括する（村上 2017を参照）。

　S³FIRE ではサービス科学を「サービスに関わる科学的な概念，理論，技術，方法論を構築する学問的活動，およびその成果活用」として定義しており，2000年代中頃から日本でみられた"サービスに対する科学的・工学的アプローチ"との標語を色濃く反映した活動を当初行ってい

た。その後，S³FIRE の本格活動時期（2011-2014 年頃）は，国内でい
えば人文社会科学，特にサービスマーケティング・マネジメントを含め
たサービス科学の研究者コミュニティが形成された時期である。また，
国際的にみればサービスサイエンスとサービス・ドミナントロジック
（S-D ロジック）という 2 つのパラダイムが交差した後である。そのた
め，日本のサービス科学研究を国際的な研究開発の潮流に合わせて推進
するために，S³FIRE では価値共創を軸にした展開と成果のとりまとめ
が徐々に行われていった[3]。共創の概念は，S-D ロジック以前にも哲
学・生命科学，システム論，および経営学の分野で存在していたが（西
野 2021），情報通信技術（ICT）の発達やスマートフォンの爆発的な普
及などによりもたらされたさまざまな社会変化が，この概念の重要性に
リアリティを持たせた時期といえよう。

　このようにして日本でのサービス科学も価値共創の概念を包摂した。
その後も，さまざまな国内学会においてサービス科学／サービスサイエ
ンスに関する個別の研究活動，学会誌特集号，部会が行われてきた。中
でも，サービス学会（Society for Serviceology）[4] は，S³FIRE の研究
者コミュニティを中心に設立された分野横断型の学会であり，"サービ
スに対する科学的・工学的アプローチ"と"価値共創"という 2 つの流
れを良く汲んでいる。Serviceology（サービソロジー）は Service に学
問を意味する接尾語 -ology をつけた造語であり，学会名には敢えて
"日本"をつけていない。2012 年 10 月 1 日に発起人 196 名の賛同を得
て設立され，2022 年現在，学生会員を含め約 500 名の会員が在籍して
いる。会員は学術界と産業界，ならびに理工系と人文社会系それぞれに
ついて，バランスよく構成される。サービスに関わる研究開発者，サー
ビスの革新を目指す経営者・企画者，そして社会的な問題解決を探る行
動者が一堂に会して議論できる場として活用されている。

3　初年度採択プロジェクトに，S-D ロジックと価値共創を対象とした藤川プロジェ
クト（藤川 2014）があったことも要因のひとつとされる。
4　サービス学会HP（http://ja.serviceology.org/）

（2）サービス学とは何か

さて，ここで新たに登場したサービス学は，国際的にいうところの
サービスサイエンスと同じであろうか。実は公式の統一的定義は行われ
ていないが，サービス学に関わる幾つかの説明をみてみよう。

A）サービスに関する広範な知識を体系化することで，さまざまな産
業課題の解決に寄与する，サービスに関わる「社会のための学術」
（サービス学会 2012）

B）狭義のサービス業のみならず，製造業等におけるサービス化も含
めた包括的なサービスに対する学術的理解と，顧客と共に高い顧
客満足度を共創する体系（サービス学会 2012）

C）提供者と受容者が価値を共創する行為であるサービスを総合的に
学ぶ学問（日本学術会議 2017）

D）多様な個別分野に分散する研究蓄積や方法論を持ち寄って融合さ
せ，サービスに対する科学的・工学的なアプローチによってサー
ビスイノベーションを実現しようとする学術ジャンル（村上
2017）

産業・社会とのつながり，共創，サービスイノベーションとの記載が
多くみられる。**図 15-2** は C）に付随したもので，サービスマーケティ
ング，サービスマネジメント，サービス工学など，比較的固有の関連分
野の対象の違いを俯瞰できる。併せて，「サービス学は個々のサービス
を総合的にデザインする上で必要な知識と思考の提供を目指す。」とあ
る。次項ではこの点に注目する。

（3）わかりたいのか，つくりたいのか，実際につくるのか？

"デザインする上で必要な知識と思考" が示唆するように，総称とし
ての科学には "認識科学" と "構成科学" の双方が含まれる。認識科学

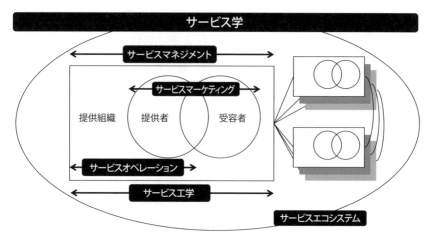

図15-2 サービス学と関連分野（日本学術会議（2017）をもとに作成）

とは「分析・解明（アナリシス）のための科学，あるものの探究」であり，構成科学[5]とは「創出・臨床・行動（シンセシス）のための科学，あるべきものの探究」である。この分類に基づく科学論は，日本学術会議で2000年頃より議論されてきた（日本学術会議2006，荒木2009）。自然科学・人文社会科学の区別に依るものではなく，文理にとらわれずサービスサイエンスを捉える上で有益な見方である。

　図15-3は，科学技術振興機構（2015）を参考に作成したものであり，サービスシステムの代表的な構成要素として人間，人工物，および社会メカニズムを捉え，それぞれを対象とした認識科学と構成科学を示している。認識科学の層では知識の整合性が重視され，サービスの場合でも，人文科学，理工学，社会科学での馴染みのある分野が並ぶであろう（心理学，機械工学，経済学など）。サービスを対象とする構成科学では，人間・人工物・社会メカニズムそれぞれに加え，3つが重なり合

---

[5] 日本学術会議等での議論では設計科学と呼ばれるが，本書では設計と経営を並びで表記することが多いため，両方を含意できるよう“構成科学”と表記している。その他，“プログラムの科学”と呼ばれることもある。

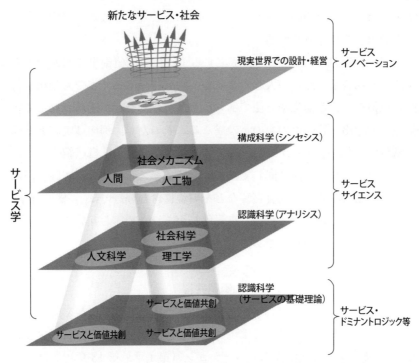

図15-3　サービス学の対象範囲（大胆かつ欲張りな見方）

う部分を創出するための知識を生み出そうとする[6]。そこでの知識は，整合性よりも人間にとっての意味・機能の観点に基づき，合目的的であり，臨時的である。サービスマーケティングやサービス工学なども，それぞれの個別研究を詳しくみれば認識科学と構成科学とに分かれる[7]。大事なことは，サービスサイエンスでもこのように性質が異なる科学が両輪にあり，また複合して存在していることである。それぞれは「サー

---

[6]　構成科学の各領域では知識の整合性は必ずしも担保されない一方で，認識科学の領域間の共約不可能性（共通の視点や尺度で論じられないという性質）は解消され得る可能性がある。

[7]　西野（2018）では，認識科学と構成科学のいずれでも用いられる"モデル化"と"評価"に注目し，S³FIREに基づく解説と研究方法論の整理をしている。

ビスを深く知るための理解」と「サービスをよりよく設計・経営するための理解」を与えてくれる。

S³FIRE の"問題解決型"が示唆するように，価値創出に向かおうとすると構成科学の比重が大きくなるが，構成科学はあくまでも創出・行動の根拠を与える知識や方法であり，設計・経営など，実務者による実世界での創出・行動そのものとは異なる。そのため，例えば実務者と構成型科学者[8]がそれぞれ「サービスデザインが専門」と自己紹介した場合，各々の興味と知識は同じではない。サービス学のように実践，問題解決，現場との協働，社会実装などを射程に含む分野では，"構成科学"と"現実世界での創出・行動"を混同しがちなため，お互いを尊重した上で，十分な注意が必要である。

（4）サービスイノベーションと価値共創

"構成科学"が創出・行動のための知識と助言であることを前提にしながら，サービス学の対象には現実世界での設計・経営の革新も含まれる（図15-3）。サービスイノベーション（第1章，第13章）とは，さらにその革新から生まれる新しいサービスや社会にまで言及したものであり，一般にサービスサイエンスそのものとは区別される。対して，**図 15-3** は，サービス学がサービスイノベーションの一部を包含するという大胆な見方であるが，同様にしてS-Dロジック等との関係も捉えることができる。

図 15-3 の認識科学は，サービス分野に固有の基礎理論を提供する層を分けて記載されており，S-Dロジック等が"サービスと価値共創についての共通レンズ"の役割を果たす[9]。そして，サービスサイエンスとS-Dロジックは不即不離の関係にあるのに対して，**図 15-3** による

---

[8]　吉川（2008），科学技術振興機構（2010）では，社会の中での持続的進化の基本ループとして，観察型科学者，構成型科学者，行動者（実務者）の役割とそれらの間の情報循環の重要性が述べられている。

[9]　S-Dロジックが代表例であるものの，これに限らないために，"等"と表記した。

サービス学では，S-Dロジック等が持つ世界観の利用[10]に加え，その世界観の構築そのものにも貢献したいというような，欲張りなものになっている。

まとめれば，サービス学の対象には，サービスイノベーションにつながる現実世界の設計・経営活動と，サービスと価値共創に関する基礎理論が含まれる。こうしてサービスサイエンスとの対比が可能である。さらには，それら上下の拡張から得られた成果を，各研究者が出身分野（**図15-1**の伝統的領域等）に持ち帰り役立てるような構図ができれば，サービス学の大きな誘因力になる（科学技術振興機構2015，原2018）。

村上（2017）は，先述D）を広義のサービス学としつつ，サービスに関わる中身を明確にしたものを狭義のサービス学と呼んでいる。**図15-3**とは異なる展開方法であるが，主張点は類似する。具体的には，**図15-4**を用いて，狭義のサービス学を「S-Dロジックのパラダイムに立脚し，価値共創の概念を拠り所として，サービスに対する科学的・工学的アプローチであるサービスサイエンスという方法により，サービスイノベーションを実現しようとする学術ジャンル」と説明している。

サービスの主要国際会議のひとつであるThe Naples Forum on Service[11]の三本柱にも，S-Dロジックとサービスサイエンスが設定されている。残りの柱は"ネットワーク理論とシステム理論"であり，この部分を**図15-3**と**図15-4**にある"サービスイノベーション"と対比してみると興味深い。ともに社会システムや現実世界での変容・創発に関するものであるが，学術と産業のどちらから捉えようとしているかという違いがある。本書では"ネットワーク理論とシステム理論"は大きく取りあげなかったが，Barile and Polese（2010），Meynhardt（2016），舩橋（2010），木嶋（2014）などを参照されたい。

---

[10]　S-DロジックはG-Dロジックを内包する上位概念であるため，共創性が弱い問題やそれに対する研究アプローチ（例えばサービス工学1.0）を除外するものではない。また，現在は前理論レベルであるが，発展を期待して図では基礎理論とした。

[11]　https://naplesforumonservice.com/

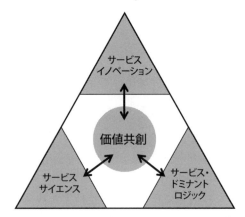

図15-4　村上（2017）による狭義のサービス学

2. 第11回科学技術予測調査から見る動向

　総合学問であるサービスサイエンス／サービス学に特有の科学技術課題を挙げるならば，何であろうか。サービス学会では2013年から2016年にかけて，文理融合や産学連携の名の下で皆が取り組むべき課題設定（グランドチャレンジ[12]）を行った（三輪2014）。その結果，"製造業のサービス化"，"サービス・ケイパビリティ"など，幾つかのテーマが具体化され，学会コミュニティ内での研究活動（Special Interest Group：SIG）につながった[13]。

　本節では，このような科学技術トピックと目指すべき社会像とをセットにして専門家に尋ねた第11回科学技術予測調査を紹介する。

---

[12]　ある学問領域における"非常に重要であるが解くことが難しい共通課題"であり，人工知能分野やロボットでのグランドチャレンジがよく知られている。
[13]　B2B（対事業所）における製造業のサービス化の教科書としてC.コワルコウスキー（2020）があり，当該SIGの活動に関連した成果も一部掲載されている。

（1）サービス学の中核は何か？

　科学技術イノベーション政策や研究開発戦略の立案・策定の議論に資することを目的に，1971 年より約 5 年ごとに大規模な科学技術予測調査が行われている。2014 年の第 10 回調査では，第 9 回調査までの製造分野が"サービス化社会分野"に置き換わった。分野内の細目として，経営・政策，知識マネジメント，サービスデザイン，製品サービスシステム，サービスロボット，サービスセンシングなどが含まれていた[14]。

　それから 5 年後の 2019 年に第 11 回科学技術予測調査が行われた（科学技術・学術政策研究所 2019）。実は，第 10 回での"サービス化社会分野"（101 問）は無くなり，第 11 回では ICT・アナリティクス分野内の一細目"サービスサイエンス"（12 問）に集約された。これは，サービスサイエンスと敢えて呼ばなくとも，さまざまな分野での取り組みがサービス（価値創出）を意識したものになってきたことが理由のひとつであり，特にセンシング，データ解析，ロボット，社会制度のトピックに顕著であった。「時代がサービスサイエンスに追いついた」という解釈もできるが，逆にいえば「サービスサイエンスには何が残るのか，何を独自に研究すべきか」という問いに向き合わなければならない時期に差し掛かっている。筆者はこの問題意識の下，ICT・アナリティクス分野の他の細目で言及されたものを削ぎ落として，サービス理論と価値共創，品質測定と価値評価，利用者の行動，提供者の活動，サービスデザインに関する科学技術トピックに集約した。**表 15-1** に一覧と本書との大まかな関係を示す。制約上，細目名は"サービスサイエンス"となっているが，前節で示したサービス学の対象範囲を意識した内容になっていることがわかる。

14　第 8 章で言及した経済産業省のサービス工学分野技術戦略マップを参照する形で整理・作成されている。詳細は小柴，林，小笠原（2014）を参照されたい。

表15-1 第11回科学技術予測調査（2019年）でのサービスサイエンスの科学技術トピックと本書との関係

区分	No.	設問	本書の章
提供者の活動	1	サービス産業における接客・対人業務の大半が，人が得意とする領域のみとなった状況下での，生産性とQoW（Quality of Work）の向上の両方が実現する技術・制度	2, 8, 10, 14
	2	教育や育成のプロセスでの指標としてさまざまな業種で横断的に使われるような，サービス提供者および組織のスキルや成熟度を診断する手法	10, 11
品質測定と価値評価	3	サービスにおける利用者の主観性や多様性を考慮した品質測定技術	2, 4, 7
	4	財・サービスの利用によって生じる快，不快，好き，嫌い等の感情と生理計測の研究が進み，顧客経験を直接に分析，測定，評価できるようになり，かつ研究開発，販売，マーケティング等に用いる方法の確立	(4, 11)
利用者の行動	5	個々人のセンサデータをはじめとしたプロファイルを個人で管理し携帯端末などで持ち歩くことによる，初めて訪れる店舗や場所でも，個別的かつ状況に応じたサービスを受けられるシステム	10, 11
	6	ウェブルーミングやショールーミング（実店舗で商品を見てWEBで購入，もしくはその逆）など，サイバー空間と実空間を行き来する利用者の行動を統合して解明できる技術の確立	10, 12
サービスデザイン	7	情報技術を用いたエンドユーザでも容易に利用可能なデザインツールやパーソナルファブリケーション技術（ハイアマチュアや複数人の共同によって制作される製品・サービスのコンテンツが増加し，それを享受する一般利用者の元でも簡便にカスタマイズできるようになる）	9, 12
	8	従来の顧客満足度に加え，サービスを新たにデザインしたり評価したりする際の尺度として重要な，個々人にとってのウェルビーイングとSustainable Development Goals（SDGs）への寄与に関する解析を実現する理論・技術	1, 4, 11

（次頁へ続く）

（前頁より続く）

区分	No.	設問	本書の章
サービス理論と価値共創	9	（個人や社会が持つ資源・スキルの効果的組み合わせや，共創における相互作用のダイナミズムが理論化された結果，）さまざまな資源・スキルの遊休状況を複合したシェアサービスの可能性を計算機上で検討可能なシステム	(7, 12)
	10	共創によって生成される価値の測定尺度の理論化，および現実世界から得られるデータをもとにした評価化（さまざまな分野におけるサービスエコシステムの形成に貢献）	(5, 6, 13, 14)
	11	モノとの二分論によるサービスの定義が完全に過去のものとなり，個人や社会に対して価値をもたらす行為全般との認識が浸透した上での，サービス・ドミナントロジックなどをより発展させた新理論	2, 3, 7
サービスリテラシー	12	サービスに関する学術的な知見に基づいた，提供者・利用者など各々の立場でサービスを活用していく能力（サービスリテラシー）のモデル構築，並びに身の回りのさまざまな分野でサービス化が進行した社会における教養科目化	本書全体

（2）各トピックの理解と更なる学習に向けて

　当該調査では，各トピックについて重要度，日本の国際競争力，科学技術的／社会的実現の見込み（時期），および政策的支援，法制度整備の必要性を尋ねている。結果の詳細は割愛し，ここでは概要，本書との対応，ならびに推奨する参考文献[15]を紹介する。

・提供者の活動

　自動化などが進んだサービス産業における人の役割と働き方の変革（No.1）に関するトピックの重要度が全12問の中で最も高い結果となった。本書では第10章や第14章が関係する。ロボットやAI等の自動化技術のサービスへの活用と推進については，増田（2021）の特集を参照

---

[15]　読みやすさを優先して，学術論文ではない一般向けの解説記事を紹介する。これらは，サービス学会の学会誌（J-Stage上でPDF公開）からアクセスできる。（https://www.jstage.jst.go.jp/browse/serviceology/-char/ja）

されたい。

　一方で，変革の過程で求められる，スキルの標準化や成熟度の評価などに関する横断的な取り組み（No.2）では国際競争力での遅れが指摘されていた。本書でいえば第11章のサービスエクセレンスの国際標準が該当し，広くは，経済産業省創設のおもてなし規格認証や日本生産性本部サービス産業生産性協議会（SPRING）の日本サービス大賞などの取り組みも関係するであろう。

・品質測定と価値評価

　品質測定技術（No.3）は，重要度と国際競争力ともに高く，今後も研究開発費の拡充による政策的支援が有効という結果であった。本書では，SERVQUALなど第4章で述べた伝統的な内容が対応するし，古くて新しいトピックともいえる。その他，価値評価については，第7章の他，S^3FIREに関連してまとめられた戸谷（2018）を参照されたい。

　また，こうした品質測定を，生理計測を併用しながら効果的に行い，顧客体験の解明や研究開発へと上手くつなげていく（No.4）には，科学技術面でも社会面でも時間を要するとの見込みが得られた。本書でいえば，第4章と第11章の内容の延長にあるであろう。サービス学においても，生理計測や感情評価の取り組みはみられるものの，実験室実験が中心であり，現場応用の観点では途上段階にある。S^3FIREに関連した取り組みでは，淺間（2018）を参照されたい。

・利用者の行動

　利用者行動の設問（No.5，No.6）では，第10章で紹介した利用者の行動分析やモデル化の統合形について尋ねている[16]。調査結果では，利用者の分析を通じて個に適したサービスを実現しようとするほど，その社会的実現には国際協調も含めた法制度整備やELSI（倫理的・法的・社会的課題，Ethical, Legal and Social Issues）の対応が求められるこ

---

[16]　関連するキーワードとして，Cyber Physical System（CPS）やOnline Merges with Offline（OMO）などのオンラインとオフラインの融合，およびデジタルツイン（サイバー空間上での現実世界の再現と予測）がある。

との認識も示された。これは概ね想定通りの結果であり，科学技術と制度整備の共進化が欠かせない。緒方（2021）の特集ではパーソナルデータの保護と活用を紹介している。沼田（2017）の特集では，人工知能（特に深層学習），ドローン，VR，パーソナルファブリケーション（3Dプリンタ）の可能性と社会的影響が紹介されている。

・サービスデザイン

　No.7 のサービスデザインは利用者の積極的な関与を想定した設問であり，重要性が認められた。本書では，第 9 章と第 12 章の内容が対応するし，沼田（2017）の特集にあるパーソナルファブリケーションの記事は，まさに本トピックと共創に関するものである。工学設計も含めたサービスデザインの系譜については赤坂（2020）を参照されたい。

　一方，ウェルビーイングや SDGs など新たな価値基準を元にしたデザイン（No.8）についても尋ねたが，実現時期の判断不可との回答も多く，本調査では際立った重要度はみられなかった。ウェルビーイングと Transformative Service Research（TSR）（Anderson and Ostrom 2015）については根本（2019），白肌（2020）の特集号を参照されたい。第 11 章のカスタマーデライトも顧客満足と異なる尺度であり，2020 年のコロナ禍ではウェルビーイングへの貢献も論じられた（Barnes 2021）。

・サービス理論と共創

　No.9 の共創のトピックで尋ねたシェアリング経済に対する発展研究についても，本調査では際立った重要度はみられなかった。No.10 も同様の結果であった。No.10 は，分野を超えたデータ利活用による共創と事業の持続性等の評価についてであり，本書の第 5，6 章，第 13，14 章が一部関係するであろう。S^3FIRE に関連した共創価値の尺度，価値共創に関わるモデル化と実践，ゲーム理論によるシェアリングのメカニズ

244

ムなどの取り組みについては戸谷（2018），中島（2014, 2018），西野（2021）を参照されたい。その他，神田（2018）の特集では，データ利活用に関係した情報科学と社会科学の分野連携について紹介している。

サービスの新たな基礎理論（No.11）について，国際競争力が十分でない結果となった。また，ここ十数年での進展もあってか，想定したほどの高い重要度が示されなかった。本書でいえば第7章のS-Dロジック等の内容であり，推奨参考文献を含め，そちらを参照されたい。

・サービスリテラシー

一方で，サービス化社会においてサービスを正しく理解し活用していく教養（No.12）に強い関心が示される結果が得られた。この"サービス提供者・利用者など各々の立場でサービスを活用していく能力（サービスリテラシー）"は，まさに放送大学の本科目と本書のねらいである。今後も，種々の理論を一般知識として展開していく国内連携・協力の強化が望まれる。

3. おわりに：サービスリテラシーとしてのサービス学

本章1節と図15-3では，サービス学の特徴としてサービスイノベーションとサービス基礎理論の包摂を示したが，サービスリテラシーはそれに並ぶものである。サービス学の知識と思考は，自身がサービスの提供と利用のいずれの立場で関わる場合にも必要であり，また個人が主体的に活躍できる社会を目指す上で肝要とされる（日本学術会議2020）。

度々言及してきた日本学術会議のサービス学の参照基準（日本学術会議2017）では，サービス学を先端的な分野として捉え，学士課程において，図15-2に示したような関連分野全般で行われる教育全般の在り方をまとめている。日本学術会議（2020）の提言と併せて，サービスリテラシーに関する成果といえよう。参照基準では，「講義，演習，実習

などさまざまな教育方法を組み合わせること」,「副専攻として,専門外の分野を体系的に学ぶこと」「課題発見と解決能力,関係者とのコミュニケーション能力,多様性の理解力などを対象に,幅広い評価基準を用意すること」,「理論と実践方法の双方を提供すること」「生涯学習としてのサービス学教育体系」などが述べられている。上記で特に想定されているのはサービス学を"主"(専門)として捉えた教育方法であり,日本においても,そうした学科の設置と成功例が早期に望まれる。

　一方で,サービス学が総合領域であること,および一定の専門性や実務経験をもとにした方が思考を深めやすいこと,などを考えると,サービス学を"副"として深めていく機会も同じ位重要である。さらに,「生涯学習としてのサービス学教育体系」という指摘を忘れてはならない。読者の皆さんにおかれては,一度学んで終わりではなく,"学部教養","大学院での副専攻","学び直し","実務でのステップアップ","新たな挑戦への準備"など,さまざまな機会でサービスサイエンス／サービス学に再び触れ,理解と実践を深めていただきたい。

《推奨する自習》

1．**表15-1**に示した本書との対応をもとに,各章を復習してみよう。
2．本章2節(2)で紹介した文献を基に,気になるトピックについて自発的に学習を進めてみよう。
3．サービス学会のWebマガジン[17]には,最新の企業事例も多く紹介している。アクセスをして,興味のあるものを読み進めてみよう。
4．日本学術会議(2020)の提言にある"市民の役割"を読み,サービ

17　サービス学会 Webマガジン(https://magazine.serviceology.org/)。2020年からは,Webマガジンで先行公開した記事をJ-Stageに後日掲載している。

246

ス利用者（生活者）の観点から，学んだことを復習してみよう。

参考文献

Anderson, L. and Ostrom, A. L. (2015). Transformative Service Research: Advancing Our Knowledge About Service and Well-Being. Journal of Service Research, Vol.18, No.3, pp.243-249.

Barile, S. and Polese, F. (2010). Smart Service Systems and Viable Service Systems: Applying Systems Theory to Service Science. Service Science, Vol.2, No.1/2, pp.21-40.

Barnes, D. C., Mesmer-Magnus, J., Scribner, L. L., Krallman A. and Guidice, R.M. (2021). Customer Delight during a Crisis: Understanding Delight through the Lens of Transformative Service Research. Journal of Service Management, Vol.32, No.1, pp.129-141.

Meynhardt, T., Chandler, J.D. and Strathoff, P (2016). Systemic Principles of Value Co-Creation: Synergetics of Value and Service Ecosystems. Journal of Business Research, Vol.69, No.8, 2981-2989.

C. コワルコウスキー，W. ウラガ，戸谷圭子，持丸正明 (2020). B2B のサービス化戦略—製造業のチャレンジ—. 東洋経済新報社.

淺間一 (2018). サービスにおけるデータ・知識・情報. サービソロジー，Vol.4, No.4, pp.26-31.

赤坂文弥，中谷桃子，木村篤信 (2020). サービスデザインに関する多様な研究アプローチの可視化と今後の連携に向けた考察. サービソロジー論文誌，Vol.4, No.1, pp.10-17.

荒木義修 (2009). プログラム（設計）科学，文理融合，進化論的アプローチ（試論）. 武蔵野大学政治経済研究所年報，Vol.9, pp.1-23.

緒方啓史，渋谷恵，安藤裕，渡辺健太郎 (2021). 特集解説：サービスにおけるパーソナルデータの保護と活用の両立に向けて. サービソロジー，Vol.7, No.3, pp.77-80.

科学技術振興機構 研究開発戦略センター（2010）．研究開発戦略立案の方法論―持続性社会の実現のために―．

科学技術振興機構 社会技術研究開発センター（2015）．サービス学将来検討会 活動報告書「未来を共創するサービス学を目指して」．

科学技術・学術政策研究所（2019）．第11回科学技術予測調査 S&T Foresight 2019 総合報告書．

木嶋恭一，出口弘，寺野隆雄（2014）．サービスのためのシステムサイエンス．情報処理，Vol.55, No.2, pp.126-131．

神田陽治（2018）．「データ爆発がもたらす社会科学と情報科学の新しい接続」にあたって．サービソロジー，Vol.5, No.2, pp.2-3．

小柴等，林和弘，小笠原敦（2014）．科学技術予測調査速報：サービス化社会分野．研究・技術計画学会 年次学術大会講演要旨集，Vol.29, pp.898-901．

サービス学会（2012）．サービス学会について（設立趣旨）．
http://ja.serviceology.org/introduction/（2022年1月アクセス）

白肌邦生（2020）．特集「ウェルビーイングでサービスを問い直す」．サービソロジー，Vol.6, No.1, pp.2-3．

戸谷圭子（2018）．サービスにおける価値の研究．サービソロジー，Vol.4, No.4, pp.4-8．

中島秀之，平田恵二（2014）．サービス実践における価値共創のモデル．サービソロジー，Vol.1, No.2, pp.26-31．

中島秀之，平田恵二（2018）．サービスの実証研究における課題と困難．サービソロジー，Vol.4, No.4, pp.38-42．

西野成昭（2018）．サービス研究の方法論の整理 ～JST・RISTEX・サービス科学プログラム（S3FIRE）を通じて～．サービソロジー，Vol.4, No.4, pp.18-25．

西野成昭（2021）．サービスモデリングの方法論―メカニズムデザイン理論からのアプローチ―．感性工学，Vol.19, No.2, pp.47-54．

日本学術会議（2006）．新しい学術の体系．
http://www.scj.go.jp/ja/info/kohyo/pdf/kohyo-18-t995-60-2.pdf（要約版，2022年1月アクセス）

日本学術会議（2017）．大学教育の分野別質保証の教育課程編成上の参照基準（サービス学分野）．

日本学術会議（2020）．サステナブルで個人が主体的に活躍できる社会を構築するサービス学.

沼田絵梨子，根本裕太郎，原辰徳（2017）．特集「サービス×テクノロジー」による革新とその社会的影響にあたって．サービソロジー，Vol.4, No.1 pp.2-3.

根本裕太郎（2019）．特集「サービスにおけるウェルビーイングを問い直す」．サービソロジー，Vol.5, No.4, pp.2-3.

原辰徳（2018）．サービスを研究したいのか？ 観光を研究したいのか？．第62回システム制御情報学会研究発表講演会 講演論文集，pp.6-11.（招待講演）

藤川佳則（2014）．文脈視点によるサービス価値共創モデルの研究．サービソロジー，Vol.1, No.2, pp.18-21.

舩橋誠壽（2010）．第2章 システム論の発展としての横断型科学技術論とサービスサイエンスへの展開．横断型科学技術とサービスイノベーション，小坂満隆，舩橋誠壽（編），横断型基幹科学技術研究団体連合シスナレ研究会（著），社会評論社.

増田央，木見田康治，平本毅，小早川真衣子，神田陽治，福田賢一郎（2021）．特集解説：ロボットホスピタリティ．サービソロジー，Vol.7, No.4, pp.110-112.

三輪洋靖（2014）．サービス学におけるグランドチャレンジ．サービソロジー，Vol.1, No.2, pp.32-35.

村上輝康（2017）．第1章 サービス学とサービソロジー．サービソロジーへの招待，村上輝康，新井民夫，科学技術振興機構 社会技術研究開発センター（編著），東京大学出版会，pp.4-20.

吉川弘之（2008）．サービス科学概論．人工知能，Vol.23, No.6, pp.774-720.

推奨する関連文献

Maglio, P.P.（著），Kieliszewski, C.A.（著），Spohrer, J.C.（著），日高一義（監訳），IBM 東京基礎研究所翻訳チーム（訳）(2014)．サービスサイエンスハンドブック．東京電機大学出版局.

Maglio, P.P., Kieliszewski, C.A., Spohrer, J.C., Lyons L. and Patrício, L. eds. (2018). Handbook of Service Science, Volume II (Service Science: Research and

Innovations in the Service Economy). Springer.

Ostrom, A. L., Field, J. M., Fotheringham, D., Subramony, M., Gustafsson, A., Lemon, K. N., Huang, M. H. and McColl‐Kennedy, J. R. (2021). Service Research Priorities: Managing and Delivering Service in Turbulent Times. Journal of Service Research, Vo.24, No.3, pp.329‐353.

甘利康文（2021）．サービスの本質とは何か？―現象学的科学論の視座からサービスを読み解く―．横幹，Vol.15, No.2, 57‐73.

索引 ▍

●配列は50音順，数字で始まるものは数値順，欧文はアルファベット順にそれぞれ配列。

分担執筆者紹介

竹中　毅（たけなか・たけし）
・執筆章→10

1973 年	長崎県に生まれる
2002 年	神戸大学大学院文化学研究科修了．博士（学術）
2002 年	東京大学人工物工学研究センター　研究機関研究員
2008 年	東京大学人工物工学研究センター　特任准教授
2009 年	産業技術総合研究所サービス工学研究センター　研究員
2013 年	経済産業省商務情報政策局サービス政策課（併任出向）
2017 年	産業技術総合研究所人間情報研究部門　研究グループ長
2018 年	産業技術総合研究所人間拡張研究センター　研究チーム長（現職）
2021 年	京都大学大学院経営管理研究部 客員教授（現職）
主な著書	『サービス工学の技術－ビッグデータの活用と実践－』（共著 東京電機大学出版局，2012） 『Service Engineering for Gastronomic Sciences』（分担執筆 Springer Singapore，2020）

原　良憲（はら・よしのり）
・執筆章→13・14

1958 年	兵庫県に生まれる
1981 年	東京大学工学部電気工学科卒業
1983 年	東京大学工学系大学院修士課程修了
1983 年	日本電気株式会社入社
2005 年	京都大学博士（情報学）
2006 年	京都大学経営管理大学院 教授
2018 年	京都大学経営管理大学院 院長（〜20 年）
2020 年	サービス学会 会長（〜22 年）
現在	京都大学経営管理大学院 教授
専攻	イノベーション・マネジメント，サービス経営
主な著書	"A New Approach to Resilient Hospitality Management"（共著　Springer, 2022）

編著者紹介

岡田　幸彦 （おかだ・ゆきひこ）
・執筆章→1・2・3・4・5・6

1978 年	東京都に生まれる
2001 年	横浜国立大学経営学部卒業
2006 年	一橋大学大学院商学研究科修了，博士（商学）
2006 年	筑波大学講師
2010 年	統計数理研究所客員准教授
2010 年	筑波大学准教授
2017 年	筑波大学人工知能科学センター・サービス工学分野長
現在	筑波大学准教授，筑波大学人工知能科学センター・サービス工学分野長
専攻	会計情報科学，サービス工学，社会工学
主な受賞	日本会計研究学会学会賞，工学教育賞（業績部門）

原　辰徳 （はら・たつのり）
・執筆章→7・8・9・11・12・15

1981 年	静岡県に生まれる
2004 年	東京大学工学部卒業
2009 年	東京大学大学院工学系研究科修了，博士（工学）
2011 年	東京大学講師
2013 年	東京大学准教授
現在	東京大学大学院工学系研究科人工物工学研究センター　准教授
専攻	サービス工学，システム科学，サービスエクセレンス
主な著書	『サービス工学－51の技術と実践』（分担執筆　朝倉書店，2012）
	『サービスエクセレンス規格の解説と実践ポイント』（共著　日本規格協会，2022）

放送大学教材　1539523-1-2311（ラジオ）

サービスサイエンス

発　行　　2023年3月20日　第1刷

編著者　　岡田幸彦・原　辰徳

発行所　　一般財団法人　放送大学教育振興会
　　　　　〒105-0001　東京都港区虎ノ門1-14-1　郵政福祉琴平ビル
　　　　　電話　03（3502）2750

Printed in Japan　ISBN978-4-595-32408-6　C1334